每天5分钟，遇见更好的父母

戴烽◎著

江西科学技术出版社

你的儿女,其实不是你的儿女。

他们是生命对于自身渴望而诞生的孩子。

他们借助你来到这世界,却非因你而来,

他们在你身旁,却并不属于你。

你可以给予他们的是你的爱,却不是你的想法,

因为他们有自己的思想。

你可以庇护的是他们的身体,却不是他们的灵魂,

因为他们的灵魂属于明天,属于你做梦也无法到达的明天。

你可以拼尽全力,变得像他们一样,

却不要让他们变得和你一样,

因为生命不会后退,也不在过去停留。

你是弓,儿女是从你那里射出的箭。

弓箭手望着未来之路上的箭靶,

他用尽力气将你拉开,使他的箭射得又快又远。

怀着快乐的心情,在弓箭手的手中弯曲吧,

因为他爱一路飞翔的箭,也爱无比稳定的弓。

——纪伯伦《你的儿女其实不是你的》

敬畏家庭教育
是智慧父母的开端

文 | 戴烽

在北大做博士后期间，曾听徐凯文教授讲到一个案例。一位在北京打工者前来咨询关于孩子的养育问题。他问："我孩子今年 3 岁，我们在北京打工还没站稳脚跟，我们想把孩子托付到乡下的爷爷奶奶家，过几年等我们稳定下来，再把孩子接到身边来，可不可以？"徐教授的回答是："可以，不过你要做好两种心理准备，一是你的孩子未来有 95% 的可能性是没有自信的孩子，你如果能接受就 OK；二是也许你该提前准备好一笔心理咨询费用，以备你的孩子在将来出现心理问题时诊治的需要。对于所有有过寄养经历的孩子来说，只要不是在父母身边，无论是被寄养在多么亲近的爷爷奶奶或是外公外婆、叔叔伯伯家，对他而言就是被抛弃。因为对于孩子而言，没有谁比父母亲更重要了，没有谁能真正替代父母亲的功能。有过这种被抛弃经历的孩子，出问题的概率是极大的。"

这话于当时的我而言，振聋发聩，似五雷轰顶。因为当时我在北京求学已5年，而我的女儿寄养在玉山的爷爷奶奶家已有6年，而我最得意的就是这种近乎完美的安排：35岁的我，有家有孩子，但仍然可以心无旁骛地到北京读书，感恩婆婆给我带孩子，让我没有后顾之忧。然而徐老师一席话让我无比震惊。按照他的说法，我这几年在外求学，对孩子的伤害是巨大的。真的是这样吗？

我不相信。我婆婆是一个细致体贴的人，照顾女儿的饮食起居应该比我要周全得多；并且婆婆是当地重点中学玉山一中的高级退休教师，也是玉山一中优秀教师的典范。有这样一位爱孩子、有时间、又懂教育的人来照顾我的女儿，那是再完美不过了。事实也是如此，当时孩子在玉山读小学，是一个人人称赞的品学兼优的孩子。所以当时的我，一方面，认为徐教授是一位那么权威的心理学家，他讲的一定有道理，另一方面，我仍心怀侥幸，我想我婆婆是那么优秀，我女儿该是个例外。

但当我7年后学成归来回到南昌，女儿也回到我身边的时候，一切都发生了变化。女儿来师大附中读初中，她的成绩从原来玉山小学的前三名变成师大附中班上倒数第一名。她叛逆，她自卑胆小退缩，她和我之间非常疏离，不愿意和我亲近。徐老师所说的一切状态都在女儿身上应验了，我才如梦方醒，我才知道，作为一个母亲，在女儿成长的关键期，缺位七年对她的伤害有多大，而且这种影响重大且深远。

所幸我的专业是心理学。我持续地学习，并不断与她爸爸沟通，我们一起调整与她的相处模式。这几年来，我们没有把焦点放在她的学业上，而是把焦点放在她的心灵养育上。美国心理学家洛桑斯曾提出心理资本的概念，说一个人只要心理资本存量高，就会快乐，做任何事都容易成功。心理资本包含四大要素，即希望、乐观、自信和坚韧。我们从心理资本的四个方面去不断地调整女儿的心态，整个初中阶段，是一个非常艰辛的调整时期。我用所学的各种方法与她沟通互动，使尽浑身解数来对抗她的懈怠、她的不配合、她的反抗，竭尽全力温暖她曾经受伤的心灵，慢慢地开始看到她的变化。她的成绩从班上倒数第一名变成十几名，她从一个冷漠孤僻的孩子变成一个温暖自信的人。更神奇的是，她连容貌都发生了很大的变化，从一个眼神怯弱且自卑胆小的女孩，变成一位眉清目秀，阳光自信的女生，她的同学说她是从女屌丝到女神的蜕变。她和我们的关系也从疏离变得无比亲密，周围人常常羡慕我们一家人的温暖互动，一切都开始变得美好起来。这常常让我想起那句话："人对了，世界就对了！"

没错，家庭教育最重要的是教孩子做人，学校教育更多地聚焦在孩子做事。专家说，孩子的成长，20% 来自于学校，80% 来自于家庭，可见家长在孩子的成长中扮演着多么重要的角色。

据美国理查德所著的《教育学》记载，1902 年美国"人种论"作者做过一个轰动一时的统计：美国哲学家爱德华，子孙八代有 282 人当了教授、医生、文学家；同时纽约有个酒鬼朱克，子孙八代有 70 人被判刑，其中 7 人被判死刑，300 多人成了乞丐和流浪者。"人种论"者据此趾高气扬，似乎天下确有"龙生龙，凤生凤，老鼠生儿打地洞"的事。然而当时教育家做出的统计却是：纽约儿童救济会 50 年间收容了 28000 名乞丐、流浪儿，出资送他们到有文化教养的家庭寄养，结果 87% 成了教授、医生、技工等有用人才。最雄辩的事实是，朱克的 9 代孙被送进一个"学习家庭"后，20 岁时成为地方的模范青年。

生在会教育的家庭里，是奇迹，生在不会教育的家庭里，是灾难。

一个擅长教育的家庭，可能在童年时就给孩子种下了成功的种子。一个发明家获得诺贝尔奖后，有人采访他，问及家庭对他的教育的影响。发明家说,4 岁的时候发生的一件事情,仍对他有深刻影响。4 岁时,有一次他去冰箱拿牛奶,因为个小力气小,牛奶瓶大,没拿住,把牛奶瓶摔碎了,牛奶洒了满地。这时候,妈妈过来,看着惊慌失措的他,不但没有责备,还说:“既然已经摔了,我们就看看地上这滩牛奶还可以怎么用。”并提醒了他可以把他前一天折的小纸船放进牛奶的“海洋”里划,体验一下和在水里划船不一样的感觉。小男孩于是兴冲冲地和妈妈在牛奶里划小纸船。结束后妈妈把他带到院子里,给了他一个空奶瓶,里面装满了水,告诉他之所以会把牛奶摔了,不是因为他拿不了,而是因为没掌握方法,并教他左手托瓶底,右手扶瓶颈,然后让他拿着装满水的奶瓶在院子里练习 20 多次,直到确定他不会再摔碎瓶子为止。这位诺贝尔奖获得者在回顾这件事情的时候说,后来每次失败的时候,他就想起地上的那滩牛奶,就想既然失败了,看看还能有什么用,这就是失败 200 多次,却有 200 多项小发明的原因;还有每次失败时,他都会想起在院子里练习拿牛奶瓶的情景,他就对自己说:不是我不行,而是我还没找到方法。这就是他会一直坚持不放弃的原因。

一个不擅长教育的家庭,可能在童年时就种下了伤害孩子的心锚。记得在训练营中,一个 15 岁的女孩,胆小,自卑退缩,一直不敢上台发言。经过小伙伴们的再三推动,她要求将一个书包挡在身子前面才勉强说几句。我很好奇她为什么会这样,她妈妈说她小时候原本是个活泼开朗的孩子,可是不知道从什么时候起,变成这个样子。训练营结束后,我给她做心理咨询,经过很长时间的询问,才探出根源。原来她从活泼开朗变成胆小退缩只是因为妈妈的一句话。那还是读幼儿园的时候,有一天,老师让同学们和家长商量,填报兴趣班,这女孩就和妈妈说她要报美术班和舞蹈班,妈妈让她不要报舞蹈班,这女孩坚持,最后妈妈说了一句:“你的腿又短又粗,跳舞不好看,不会有前途的。”这句话打消了女孩报舞蹈班的念头,同时也打击了孩子的信心。因为在那一刻，她才发现自己的腿居然长得那么难看，连妈妈都嫌弃，还不知道别人怎么看呢。从此以后，她不敢上台发言了，怕别人看见她的腿；不得已要和别人说话和交流，就拿一本书或是书包挡在前面，怕别人看见她的腿；走进教室，远远地看见有人在看着她，马上担心别人是不是在议论她的腿。她妈妈就是这样不经意中，种下一颗这样的心锚，改变了她 6～15 岁的人生。当她妈妈知道这一切后，放声大哭，后悔莫及，但那又有什么用呢？过去的人生不能重来，你如果给孩子种下的是这种伤害的心锚，影响可能是一辈子。

三毛是我特别喜欢的一个作家，曾经看过她写的一篇文章，题为《一生的战役》，深受感动。三毛的父亲一直对三毛特别严苛，三毛每次发表文章，都遭到他爸爸的挑剔与指责，几乎从小到大，从未有过褒扬之词。而在某一天，三毛发表的一篇题为《朝阳为谁升起》的文章后，爸爸给她留了一张纸条，上面是这么写的："妹妹，这是近年来，你写出的最好的一篇文章，写出了生命的真正意义，不说教，但不知不觉中说了一个大教。谦卑中显出了无比的意义。我读后深为感动，深为有这样一株小草而骄傲。不是为我自己，而是为整个宇宙的生命，感觉有了曙光和朝阳。草，虽烧不尽，但仍应呵护，不要践踏。"

三毛看信后，泪流满面，这是她第一次得到父亲的肯定与嘉许，她写了一封名为《一生的战役》的信回应父亲，信的开头是这样写的：

"你留的信，很快地读了一遍，再慢读了一遍，眼泪夺眶而出。

"爸爸，那一刹那，心里只有一个马上就死掉的念头，只因为，在这封信里，是你，你对我说——爸爸深以为有这样一株小草而骄傲。

"这一生，你写了无数的信给我，一如慈爱的妈妈，可是这一封今天的……

"等你这一句话，等了一生一世，只等你——我的父亲，亲口说出来，肯定了我在这个家庭里一辈子消除不掉的自卑和心虚……"

三毛知道父亲最爱他，正是因为这样，对她的要求近乎严苛，在这样的家庭氛围中，三毛是压抑和痛苦的。她在信里对父亲说："从小到大，我逃不过你的那声叹气，逃不掉你不说而我知道的失望，更永远逃不开你对我用念力的那种遥控，天涯海角，也逃不出。"所以，即使她在非常成功之后，也无法走出抑郁自卑的阴影，也许，这也是她最后走向自杀的原因之一。

三毛和父亲的互动模式，和我们许多家长与孩子的互动模式何其相似。许多家长想要用严苛的教育模式培养出更好的孩子，可是常常事与愿违，问题百出，甚至成为孩子一辈子的噩梦与阴影。对于很多人而言，对抗家庭教育造成的不良影响何尝不是一生的战役呢？

成功的家庭教育，可以助力孩子未来几十年的乘风破浪，而失败的家庭教育，则危及孩子的一生甚至生命。

怀着敬畏之心做父母，不执着于家长权威，不放任于工作的繁忙，而是诚惶诚恐，战战兢兢，如履薄冰，用朝圣般的虔诚去探索养育孩子的正确方法，用赤子般的胸怀去接纳和践行更好的教育理念，这才是真正的父母之爱。

坚持是最好的修行

文 | 李菁莹

是一个偶然的机会，遇见戴烽博士。

之前，我一直在做互联网 + 教育的探索和实践。因为一个项目的合作，我们在咖啡馆相遇了，优雅、谦逊，是我对戴烽博士的第一印象。通过交谈，了解她在教学之外，从事青少年心灵成长教育，已经开班 70 多期，好评如潮。

因为有共同的教育情怀，每次交谈，感觉时间都过得很快，意犹未尽，不愿离开。索性，我们决定一起做教育。做一个具有互联网思维的家庭教育！

在不断的碰撞中，我们设计发起了公益性质的"12 + 父母成长计划"。引进心理学、教育学和互联网思维，设计了一整套科学系统的好习惯养成方案，帮助家长们一年养成 12 个亲子好习惯。

在计划的执行过程中，戴烽博士每天会在"12 + "家长微信社群里发一段有关亲子教育的感悟，得到了家长们的高度认可。

应该让更多的家长来阅读到这些文字，于是建议戴烽博士，不如每天把这些感悟形成文字，用原创文章的形式发在微信公众号上，这样我们都可以在朋友圈做传播了。

戴博果真就认真做了。每天早晨四五点钟就起床,开始写亲子教育的文章。慢慢地,文章形成了自己的风格,基于平时社群里12+家长的亲子困惑和家庭教育的焦虑,以及平时接触的心理咨询案例,进行分析,娓娓道来。

每天雷打不动地写,只管埋头耕耘,至于结果怎么,我看她倒不是很在乎。

用这种心态坚持写作,每天一篇,至今已经有100多篇了。所以才有了现在这本特别接地气的书籍。

每篇文章,篇幅不长,大概五六分钟就能一口气读完,没有无病呻吟,没有大道理说教,全是来自身边事和人的亲子教育感悟。在这些朴素的文字中,家长不知不觉获得亲子教育的智慧和精髓。

在与戴烽博士并肩工作的过程中,我也在如饥似渴地学习。可以说,戴烽博士是我做家庭教育的启蒙老师;同时也被戴烽博士的这种坚持而打动,也开始每天坚持阅读亲子经典书籍,并做好读书笔记,与我们的12+家长共同分享。

坚持是最好的修行。哪怕每天5分钟。希望越来越多的家长,加入到12+父母成长计划中来,和戴烽博士一样,每天坚持学习,一定能遇见更好的自己,变成更好的父母!

目录

心态：对心灵的良好养育，才是您给孩子最好的礼物

沟通：每一次温暖的沟通，都是一次与孩子共同成长的机会

关爱：每一个孩子，都值得您充满深情地关爱

心态：

对心灵的良好养育，才是您给孩子最好的礼物

梦想
点燃网瘾少年的蜕变

这两天参加北京翰德林学院的《回归的力量》的课程，老师讲的一个孩子的案例深深打动了我。一个当地非常有名的企业家带着儿子来到翰德林学堂，称儿子有抑郁症。儿子唯一感兴趣的事情是玩游戏，一玩起来就没完没了，不和父母亲交流，也不和同学交流，呈现颓废、退缩逃避的状态。父母亲非常痛苦，希望老师能解决儿子的两个问题：网瘾和抑郁。老师和孩子交谈时，没有去正面处理网瘾和抑郁的问题，只是和这孩子讨论他的梦想，如何去实现梦想。老师在引导中发现，孩子对未来的规划是出国留学，学好本领回国创业或是接管父母事业，不过因为现在学习成绩差，所以对自己的未来没有信心。

老师引导他不断去清晰自己的梦想，并告诉他，出国留学，要和同学建立良好的关系，不妨练练中国功夫，既传播中国文化，又能用这种方式交朋友，增强自信。

孩子听进去了，在当年暑假，让妈妈给他找当地最有名的老师，学习太极拳。因为努力学习太极拳，孩子自然上网时间少了。更让他意想不到的是，学校第二课堂的考试，居然考的是自身特长项目。这个孩子用一套娴熟的太极拳表演，不但赢得老师的赞美，也赢得小伙伴们的崇拜与羡慕。

因为有了自信，有了良好的人际关系，孩子与父母的沟通顺畅了，成绩也上去了，最后考了一所国外不错的大学，所谓的抑郁与网瘾不攻自破了。

这位老师引导网瘾少年的成功蜕变，只用了一个方法，就是用梦想唤醒孩子内在的种子，点燃他奋进的力量。可见，发现并保护孩子的梦想，引导孩子坚持朝着梦想的方向行进，对孩子的人生多么重要。最新数据显示，目前中国14亿人口中，抑郁症患者高达一个亿，其中有不少是年轻人，最小的甚至是七八岁的孩子。或许这里面很多人，若是身边有一个懂得梦想激励的父母，可能症状就会减轻甚至不会发生。

梦想和希望是人的心理资本的第一大资本，若是每位父母都懂得用梦想激励孩子，那该多好！如果我们这么去要求父母，很多父母会说：我也知道重要，可是我们应该怎么做呢?

我认为，用梦想激励孩子，应做好如下三步：

确立梦想，做好孩子的榜样。我曾经与很多孩子谈到过梦想问题，不少孩子说，爸爸妈妈都没有梦想，我们哪里来的梦想?所以，要建立孩子的梦想，父母首先要有自己的梦想，并且与孩子去分享自己的梦想，给孩子做榜样示范，并帮助孩子确立梦想，这是至关重要的一步。

坚持梦想。当孩子梦想确立后，要不断地与孩子确认梦想，用梦想来激励孩子，去和他一起描绘梦想实现的美妙情景。

现在就走向通往梦想的路。让孩子每天都做一些与梦想相关的事情，让梦想照进现实，让他感受到自己在走向通往梦想的路上……即使现在不成功，感受到自己在朝理想的方向前进，本身也是巨大的激励！

其实，每个孩子都有自己的梦想，孩子的梦想需要鼓励和支持，如果家长能激发孩子实现理想的热情，在点点滴滴中鞭策他为实现理想而不懈努力，每天迈出一小步，梦想就会像灯塔一样照亮孩子前行的路，帮助他们越飞越高，而许多成长中的问题，可能也就会不攻自破了。

用梦想唤醒孩子内在的种子，点燃他奋进的力量，帮助他越飞越高。

别用理性 毁了孩子的梦想

一个普通高中都没有考上，辍学一年的 16 岁男孩，刚开学就逃学了，我问他："为什么逃学？"

他说："那里的环境和人都太烂了，到那里读书，我的人生就毁了。更让我不能忍受的是，我爸妈对我说：'你到那里好歹能混一张高中毕业的文凭。'难道我的人生只能满足于混个高中文凭？我的梦想是出国留学，学成归来后，用自己的能力去改变这个社会一些不合理的制度，包含教育制度，从而改变世界。"

我带着欣赏的眼光看着他，对他说："太棒了，你 16 岁就能把自己的未来想清楚。一般的孩子现在都只想到读书，老师我直到 22 岁大学毕业后才考虑这个问题，你真是太了不起啦！让我们一起看看，你为这梦想都已经做了什么，以后该怎么做呢？"

我们的谈话就从这里愉快地开始了！而当我和他的

父母去谈他的梦想的时候，他们都对我说："别相信他的鬼话，他就是撒谎，就现在这样的成绩，高中都考不上，还学成出国，还改变世界，做梦吧!"

我可以想象，这个孩子在与他父母谈梦想的时候，曾经受过怎样的打击。

他的父母都是高级知识分子，分析孩子当下的状况很清晰，很客观，他们因此非常焦虑，非常渴望孩子的改变。但我想，也许正是这种清晰，把孩子的梦想毁了！他们不知道，支持孩子的梦想，是一种多么好的促使孩子改变的动力工具!

还记得我女儿初中时，学习成绩稳居班上倒数五名之内，让我焦虑的不只是她的学习成绩，还有她的学习态度。她似乎很甘于这种状态，而我也不知道如何改变她。

有一次，我和她聊天的时候，问她，你未来想做什么？一说到这事，她突然变得非常兴奋，她说："我要成为宫崎骏那样的漫画家，将来有自己的工作室，有自己的团队，挣很多很多钱，想想就觉得那是很美妙的事情!"

我看她说这话的时候，眼睛都在发光，我也随着她兴奋起来。我说："哇，那太棒了！那时候全世界都能看到你的作品，你也会有无数的粉丝和崇拜者，你的作品会被搬上银幕，你会挣很多钱。那你挣了很多钱后，想干吗呢?"

她说："等我挣钱了，那时候，你就可以买不打折的衣服。你不是常常想周游世界吗？等我挣钱了，你想去哪个国家就去哪个国家，在哪个国家待得高兴了，我就在那里给你买套房子。你不是想换车吗？等我挣钱了，我就给你买你喜欢的保时捷，你想开哪里开哪里……"

你可能不知道，我在那一刻有多开心！我开心的不是女儿有多孝顺，不是她规划未来要挣钱让妈妈过得更好，我开心的是，她的未来有那么清晰的目标，她对自己的未来是那么自信。并且在那一刻，我也知道了让她改变的动力在哪里了。

于是我就对她说："那我们看看，要实现这个梦想，我们已经做了什么，未来要怎么做呢?"

她曾经觉得考不考大学无所谓，我说："你画画的天赋，是妈妈欣赏和骄傲的，如果不上大学，就你现在的画画水平，也可以生存，但顶多只能做个街头画家，肯定成不了宫崎骏了，妈妈的保时捷就指望不上了。你看你要怎样选择。反正你怎样选择，妈妈都支持你。你的未来是你自己做主的。"

她在那一天，确定了还是要成为宫崎骏，要把中国美院作为自己的高考目标。那个时候，她的文化考试成绩倒数第一名。

从那以后，我做了两件事情：第一，不断认可她在画画上的能力。送她去画室学画，在画室里，她得到了老师的认可，在家里，我和他爸爸不断赞美她的画画得好。我常对她说："妈妈没有一点艺术细胞，怎么会生出你这么有才情的女儿呢，妈妈真的很骄傲。"她在画画上变得越来越自信。

第二，不断确认她的梦想。我们会不断地谈起她的梦想，经常畅想梦想实现的情景，讨论我们未来要怎样出国旅游，讨论我们要在哪个国家买房子，我明确地告诉她我喜欢的保时捷是哪个型号……

从此以后，她的学习态度有了明显的变化，她开始努力去学原本非常讨厌的数学，成绩开始有慢慢的提升，到现在已经稳定在班上前十几名。

因为成绩变好了，老师对我说，她其实不是一定要参加艺术高考，参加普通高考，应该也可以考上不错的大学。我对老师说，即使她是第一名的成绩，她愿意选择艺术考美院我也会同意，因为未来做自己感兴趣的事情，过有意义的生活，比考上什么样的大学重要得多。

因为，她只有在走在通往梦想的道路上，才会有坚持不懈的动力，疲劳了不会懈怠，失败了不会放弃。我相信，有这样的动力，终有一天她会成功的。

支持孩子的梦想吧！梦想是一种多么好的促使孩子改变的动力工具啊！

孩子，妈妈允许“啃老”

有位家长与我沟通他孩子的问题时说：“我现在虽然有点娇惯他，但我很早就和儿子定好了游戏规则，我对他说，我现在可以给你提供一切生活来源，可以照顾你的一切，到你大学毕业后，你就要靠自己啦，你不但要自己养活自己，照顾自己，而且还要养我照顾我。”说这话的朋友之所以来咨询，就是因为孩子高中毕业后在家啃老6年了。类似的话，很多家长和我说过，表达共同的意思是：我现在可以对他无限好，但我不允许他啃老。

但很多说这话的朋友最后都没能如愿以偿。这些年接触的案例中，这种类型的孩子比比皆是，有些孩子出国留学后回家啃老。有些孩子名校毕业后高不成低不就，最后就在家啃老；我还有一个大学同学已经啃老二十多年，妈妈80多岁了，她自己也40多岁，还没嫁人，没工作，一直在家靠妈妈的退休工资度日。而当初，她也曾经对我说过，妈妈曾经那么希望她能完成妈妈年轻时没实现的创业梦想。

为什么我们家长想要孩子自立自强的愿望有时很难达成呢？为什么啃老的问题孩子越来越多呢？我觉得这一现象背后有三大原因：

第一，孩子不相信。家长说不允许孩子啃老的话，很多孩子是不相信的。当我询问孩子们听到这话的感受时，有个孩子对我说，我知道我妈妈不过是吓吓我而已，虽然我不打算将来在家啃老，可是她只有我一个儿子，她那么爱我，那么惯着我，我才不相信她将来不管我了。很多孩子大学毕业后心安理得地在家啃老，心里是有足够底气的，他不相信他的父母会真正弃他不顾。

第二，孩子没动力。“啃老族”当中有很多来自于殷实的家庭，因为从小家境富裕，这些孩子物质上没有任何匮乏感，因而也就没有挣钱的动力。曾经有土豪的儿子对我说：“我爸爸那么有钱，我一辈子都用不完，我还要工作挣钱干什么?”人的动力有物质与精神两种，这种孩子没有追求物质的动力，精神动力又没有形成，所以就啃老了。更可怕的是，这样的“啃老族”，常常会觉得生活没有意义，因而有可能变得抑郁。

第三，家长不负责。很多家长虽然说着不允许孩子将来啃老的话，行动上却娇惯着孩子，没有真正去教会孩子独立，所以孩子也只有啃老啦。有一则新闻：一位妈妈含辛茹苦把儿子养大，儿子大学毕业后很快就有了工作。可是，他每个工作干不到一个月就辞职，总是抱怨工作任务繁重，早上要早起，晚上要加班，太苦，太累，受不了，所以干脆辞职待在家里。已经两年了，他心安理得地赋闲在家，要么上网打打游戏，要么用妈妈不多的工资去社会上消遣时日。对于妈妈的指责，他振振有词地说：“如果你不能养活我一辈子，为什么从小对我那么娇惯?”

所以，从这个意义上看，孩子啃老其实是家长的责任，教好的孩子根本不愿意啃老，没教好的孩子啃你没商量。

我是允许孩子啃老的。女儿初三曾经想要辍学，我对女儿说：

“妈妈允许你啃老，但妈妈只有能力管你的衣食住行，其他我想帮都帮不到你啦，如果你不继续读书，我没法让你受到更好的教育，拥有更高层次的精神世界，找到更多的生活意义；你如果不继续读书，你没法做你喜欢做的工作，选择你喜欢的生活，因为你想要的工作和你喜欢做的事情常常对学历有要求；如果你将来不工作，你就不能结交更多的朋友，也无法发现你对这个世界是多么有价值。如果这样的生活是你要的，那么我允许你啃老。

“其实我允许你啃老，是允许你按照你的兴趣和理想规划自己的人生，去走你想要走的路，并且可以很坚定地往下走，不必担心物质生活的匮乏。因为通往成功的路，总是充满了坎坷，坚持下去需要动力信心和底气。妈妈允许你啃老，是想你不必为物质的匮乏而妥协与放弃，是想让你碰到任何困难也会有坚持走下去的勇气，相信只要你坚持，最后必定能过上你想要的生活。”

我想今天的我们，是可以允许孩子啃老的。我们允许孩子啃老，是给孩子人生的底气，是希望我们的孩子不是为生存而活，而是为理想而活。因为在上一辈积累了丰厚物质的今天，他们完全可以选择他们更喜欢更丰富更精彩的人生。而当他们真的如是选择并为之努力的时候，啃老也就对他们失去意义了。

圣诞礼物

一位家长发来她与儿子的梦想故事，读后深受鼓舞。这是一位我非常尊敬的朋友和老师，有很好的教育理念，养育孩子有独到的经验，她不但用她的方式养育了一个优秀的儿子，也帮助了周围许多困惑的父母。

故事如下：

一个临近圣诞节的周末，上幼儿园的儿子从美国阶梯英语班回来告诉我："我要学好英语，我要去芬兰！"

我问："为什么想要去芬兰呢？"

儿子说："妈妈，你知道'圣诞节快乐'英语怎么说吗？"

我说："Happy Christmas！"

儿子说："不是！应该是Merry Christmas！另外你知道圣诞老人是哪里的吗？"

我说："不知道，难道你知道？"

儿子说："圣诞老人就在芬兰，所以我要去芬兰看圣诞老人，圣诞老人每年的圣诞节都会有很多礼物送给小朋友的，但芬兰是讲英语的国家，所以我要先学好英语。"

我说："那很好呀！我们一起努力吧！"

（其实，十几年前，在我的心中，想出国简直就是天方夜谭。）

上小学后的一个周末，儿子学英语回来跟我们说，原来学阶梯英语有30多个同学，现在只剩下10个了，原因是很多家长觉得学费太高了。

我问："那你呢？"

儿子说："我很想继续学，如果你们觉得学费太贵，就用我的压岁钱交学费吧！"

从此，儿子的课外英语学习一直坚持到了小学毕业。

在儿子小学这个阶段，他只要看到和"芬兰"字眼有关的书、报纸、电视新闻，都会兴致勃勃且很认真地看。我们也会有意地买一些介绍世界各国概况的书或一些世界环球旅行的影碟，有空时全家一起看、读。

初中之后，由于课业的繁忙，儿子已经没有时间在课外学习英语。

有一次，我从书店买了专门介绍三个国家（德国、芬兰、新西兰）教育的三本书回来，第二天，儿子上学后，我看到他的床头摆着芬兰那一本。我知道，他没有忘记自己的梦想。

儿子初中毕业后，有一次，一个朋友偶然问我儿子："你有想过以后想从事什么职业吗？"

儿子很快就回答："我就想开一家自己的咖啡馆。"

朋友问："为什么呢？"

儿子说："因为我想过一种自由自在的生活，想工作的时候就工作，想玩的时候就玩。"

听到这样的一席话，作为父母的我们，虽然平时交流一直强调不分对错，但我们的内心还是觉得有点出乎意料——怎么要求那么低呢？

后来我们私下交流分析后认为，也许，儿子是受到我们的影响，特别是看到父亲每天的工作都那么忙碌，他根本就很讨厌那种生活吧！

某次，一家人聊天的时候，儿子突然说：“我在想，以后我开咖啡馆，如果在芬兰开就肯定不错，可如果开在我们中国，我不确定是否能养活我自己。”

我们问原因。

他说：“因为，芬兰是一个经济发达的国家，社会教育、社会福利都很好，最重要的是芬兰有咖啡文化的底蕴，而我们中国没有这个基础。”

于是，作为父母的我们知道，儿子的心中依然有他自己对“芬兰”的思考。

两年前，儿子高中毕业，去了美国他自己选的一个学校读书。

我有问他：“为什么是美国？”

他说：“如果我是女的，我可能会选择英国，但因为我是男的，我的选择就是美国。”

这几年，儿子去了好几个国家，芬兰也已经是他随时可以到达的彼岸，但一直没听到他计划什么时候去，不知道儿子的心中是否还是原来的那份期许，又或许那个期许的内涵已经更丰富、更久远……

由此可见，梦想，对于幼儿来说，它就是一个受情绪和兴趣的主导或影响的无意想象，作为家长的我们，可以通过引导将幼儿的无意想象转换为有意想象，直至成长为孩子的独立思维。

我想，每个人的梦想不分对错，不分高贵低贱，家长的责任，就是当孩子有了自己的梦想，我们能陪伴孩子，鼓励他们不断浇灌和丰满自己的梦想。周国平说：一个人能够依着这些梦想的精神品质去做，那他的梦想在他身上就已经实现了。

随手用微信发了一篇文章给远方的儿子——《芬兰将颠覆学校教育，成为第一个摆脱学校科目的国家》，希望在未来的日子，圣诞老人能给儿子带来更多更丰富的礼物。

梦想不分对错，不分高贵低贱。家长的责任，就是当孩子有了自己的梦想，陪伴孩子，鼓励他们不断浇灌和丰满自己的梦想。

你的未来，你怎么可以无所谓

一个同学的孩子即将出国留学，为出国选专业的事情来找我咨询。

她问我："阿姨，你觉得我选什么专业好?"

我问她："你自己最感兴趣的是什么专业？未来最想做什么工作?"

她说："这就好纠结了，妈妈想要我当律师，爸爸想要我当会计师，爷爷奶奶则希望我做老师，我都不知道怎么办了？所以妈妈让我来找你咨询，你帮我选一个我适合的，选好了我努力做好就是了。"

我问她："怎么都是他们想要你干吗，那你自己呢?"

她说："我自己无所谓，他们开心就好!"

我说："怎么可以无所谓呢？未来的生活是你要过的，未来的感受也是你自己去体验的。难道你没有自己的梦想吗?"

她说："曾经有过，我曾想过要做宇航员，像杨利伟那样，但妈妈说，多少人才出一个杨利伟，你不太可能成为他；我也曾经想做一个演员，妈妈认为那是吃青春饭，这条路会很艰辛，以我的先天素质，很难出人头地；我也曾经想成为一个作家，妈妈觉得我写作水平不行，不会有读者……妈妈觉得女孩子将来需要的是一个踏实安全的工作，所以律师、医生、老师、会计师这一类的专业比较适合我。阿姨，你怎么看呢?"

我不知道该怎样回答这个孩子的问题，可以想象，无论我给这个孩子提什么建议，她的爸爸妈妈还是会用自己的模式来评判和回应。

如果我的建议和他们的观点一致，他们会说：你看连老师都这么想，咱们走下去就没错了。

如果我提的建议和他们的想象不一致，他们可能会说：老师不见得了解我们的实际状况，咱们听听就好了，还是好好准备考法律专业吧，这个专业未来会有前途。

我想这个孩子十有八九，还是按照爸妈规划的路走下去。

只是这个孩子"我自己无所谓，他们开心就好"这话让我难受，因为从这句话中，我听出了，从小到大，这个孩子的梦想的火焰是怎样被他爸爸妈妈浇灭的；我也听出了她对未来没有期盼，没有多姿多彩的憧憬，这个年龄的她已经打算接受符合父母理想的灰色生活，无需激情，动力，只要安全，稳妥。

这是我不能接受的，我认为这也是和很多父母的初衷相违背的。

我知道很多父母都希望孩子未来过上幸福生活，因为怕孩子不够懂事，才去帮孩子规划未来；不断地去打击孩子的梦想，希望帮孩子走上切合实际的道路，让孩子未来过得更平安幸福。可是也许，我们在努力做这一切的时候，恰恰种下了让孩子未来不幸福的种子。

因为父母这些煞费苦心的安排，会让孩子失去了更重要的东西。

一是动力。有梦想才有动力，执着的向往会无限激发人的潜能。莱特兄弟之所以能发明飞机，不就是因为梦想成为大雁吗？孩子接受父母的安排，而不是自己向往的未来生活，是不会有激情和动力的。

第二就是坚持。因为是自己想要的生活，才有憧憬，才能经受挫折的打击，才能持之以恒，坚持不懈。如果是父母规划的生活，本就有许多不甘愿，遇到挫折更想逃离 。

第三是快乐。做自己喜欢的事情，每一天都是快乐的，做自己不喜欢的事情，每一天都在忍受。一个有梦想的人，走在梦想的路上，实现梦想的过程都是快乐的。

动力、坚持与快乐，是每一个有梦想的，自己规划未来的孩子的共同特征，也是每一个成功者必备的特征，千万不要用你的规划和安排去毁了孩子的这些重要特质。一个有梦想的孩子，拥有这些宝贵特质的孩子，你永远无法预测他未来可以通过什么方式去获取他的成功。

像马云那样告诉你的孩子吧："梦想一定要有的，万一实现了呢!"

当父母努力为孩子规划和计划未来的时候，也许恰恰种下了让孩子未来不幸福的种子。

这次车祸，真的太棒了

做完咨询，懵懵地从办公室出来，想着老公今晚没带钥匙，还在家门外等着我，心里着急，鬼使神差般，开车时先挤了一棵树，把车门挤凹陷了，接着为避开一辆横亘在路边的车，又撞在墙上，把车的右前方撞凹陷了一块，同时车前大灯也受伤了。

打电话报保险公司，保险公司的理赔勘察员勘察完后对我说，你还需要报一次案，这是两起车祸事故。

一个晚上，5分钟内，两起车祸，简直是自杀的节奏！想着明年的车险又要涨了，看着刚刚还好好的沃尔沃，突然被我整得面目全非，心情无比沮丧。

打电话给老公，告知车祸事件，他在电话里问的第一句话是：“你没事吧？没撞到人吧？”我告知他没有，他说那就好。

他放下电话，立即赶过来。在绕车一周仔细查看后，说："还好还好，没有想象中那么严重，别担心了，等保险定损后拿去修修就好了！"

我诧异地看着他，想到去年发生车剐蹭事件时，他唠叨了整整一周，每天都在说你知道你犯的错误多么低级吗？你下次开车要怎样怎样。撞坏了车，心里本来就难受，他还在旁边喋喋不休，虽然明知他是担心你，但心里更郁闷。

今天，他来之前，我已经准备好了面对他唠叨的狂风暴雨，可是预期的风雨居然没来，他还说宽慰我的话，突然感觉身边这个熟悉的男人变了，我虽然什么也没说，但心里有温暖，有感动。

第二天打电话给在杭州学画画的女儿，告诉女儿这件事时，仍有几分沮丧，突然听到电话那头传来笑声，令我有几分恼怒，我说："妈妈出车祸了，妈妈这么难过，你居然还笑？你这个坏蛋！"

女儿说："我当然要笑，这是好事啊！"我更生气地说："你还笑话妈妈？"

女儿说："我没有笑话你。妈妈，我真的觉得是好事。

"因为，第一，幸好撞坏的是车，不是人，要是你受伤或是别人受伤，那比这不知要糟糕多少倍；第二，幸好修车花的不是你的钱，而是保险公司的钱，要不然你这个小气鬼更心疼死了；第三，这次车祸事件也给你提个醒，以后疲劳不要开车，开车不要焦虑，避免发生更糟的事情。你说是不是好事？所以有什么好难过的，应该笑啊。麻麻，你也笑笑吧，你笑的时候多漂亮啊，你不知道，你脸上阴天的时候，多难看。"

女儿这番话令我不可抑制地笑了，这两天被难受和郁闷控制的神经突然松弛下来，那一刻突然有前所未有的轻松与舒畅。

我对女儿说："谢谢崽崽，妈妈好开心，你的安慰真的很管用耶！妈妈真的轻松了，你怎么这么‘腻害’，你怎么做到的?”

女儿认真地说：“这不都是你教我的，你教我碰到任何事情都要阳光心态，难受的时候要换个角度看问题，怎么事情发生在自己身上就变傻了呢?”

我突然觉得女儿也变了，不但积极阳光正面，而且也越发地能言善辩了。我虽然什么也没说，但内心洋溢着满满的幸福。

突然觉得，真的要感谢车祸事件。它让我发现，老公虽然执拗，但为了爱，他也在改变，我知道，这种改变，一半源于我，一半是源于女儿；它让我发现，长期对女儿的乐观教育，她看起来心不在焉，但其实她不但听进去了，还能反哺妈妈；它也让老公和女儿的爱真切地呈现在我面前，让我觉得自己是一个多么幸福的女人。

同时，它也让我看到，学心理学的我，也有脆弱的时候，心理学知识未必能让我心理强大，但爱，可以!

爱，可以让我们更强大，让我们乐观面对沮丧和困境。

现在
是蹲下来的时候

昨天女儿参加美术高考。在等待女儿出考场的时候，我看见有个学生从考场出来，非常沮丧地对妈妈说："我考得不好，时间太紧，我没有画完，估计我这次合格证是拿不到了。"妈妈很生气地说："你怎么这么笨，怎么会连画都画不完？你这孩子，早就教你要多练习多练习，你就知道玩手机，现在好了，考试都画不完。本来就是因为文化成绩不好来考美术，希望能上个好点儿的大学，美术考砸了，什么都没戏了。这已经是第二次高考了，这次若是考不上，看你能做什么。"这孩子跟在妈妈身后，耷拉着脑袋，默默不语。

我很理解这位妈妈，孩子考不好，心里着急，担心孩子未来的发展问题、孩子的学习问题，对孩子说话虽然严厉，但心里可能已经在思考，如果真的没考上，可以怎样去帮到孩子。

我更担心这个孩子，担心他的心情，更担心他对未来丧失信心。因为文化成绩不好才选择美术，画画不是他的兴趣，学习画画本来就觉得委屈且辛苦；第二次高考考砸了，就更沮丧了；再加上妈妈的指责，别人的目光，绝望地等待联考成绩那个备受煎熬的过程；可能还要参加其他的校考，可能继续经受挫折，无望地继续学习，明年6月还要参加文化考试……这样看不到希望的日子，他该怎么过呢？他究竟还是个孩子，若没有妈妈或其他人的支持和鼓励，可能所有灰色负面的信息都足以把他吞没。见过多少孩子因为高考失利而自暴自弃，因为高考失利而自杀，不是因为没有考上大学这个结果，而是因为周围所有的人传递给他的信息是，他的人生没有希望，于是他们做了一些极端选择。高考失利其实并不可怕，真正可怕的是失去对未来的信心和勇气。

若这位妈妈能想明白这点，在孩子遭遇挫折的时候，不是骂他笨，不是指责他没考好，不是让孩子更有挫折感和无助感，而是做好两件事情。首先让孩子在挫折中感受到温暖，坚定地和孩子站在一起，表达自己无条件的爱，告诉他：我不是只爱优秀的你，无论你是怎样的，我都一样爱你。去宽慰孩子，让孩子心情放松。其次，让孩子在挫折中看到希望，帮助孩子点燃对未来的信心。

"轻舟少年"公众号前几日有篇文章，名为《当孩子怀疑自己比别人笨时》，说的是有位孩子成绩不理想怀疑自己比别人笨时，妈妈费尽心思地为孩子寻找完美答案，最后带儿子去看大海，让儿子去看海边的小麻雀和海鸥，对他说："当海浪打来的时候，小麻雀总能迅速起飞，它们拍打两三下翅膀就迅速升腾到空中了，而海鸥总是非常笨拙，他们从沙滩上飞入天空总要很长世间，但真正能飞跃大海横跨海洋的还是海鸥。"

不记得在哪里看到过一篇分享，说有一位智慧的妈妈在孩子高考失利的时候，让孩子在房间里尝试做一种简单的游戏——让孩子跳起来去摸天花板。当孩子跳起来摸不着的时候，让孩子蹲下一点，再跳起来，还是不行，就让孩子蹲得更低一点，再跳起来。让孩子感受蹲得越低，跳得越高。然后告诉孩子："咱们就把这次考试当作往下蹲，现在开始为下一次跳得更高做准备，好吗？"

很佩服这两位妈妈的智慧与用心，她们试图用一种简单乐观的方式让孩子看到未来的希望，让孩子在挫折困顿中不丧失对未来的信心，这是对孩子最好的爱的表达。

孩子的失败其实也是我们必须接受的。当孩子失败了，家长希望的是他能从失败中站起，而不是被失败打败。家长不应该是指责与打击，而应该是传递爱，关怀与希望。当孩子感受到父母的接纳与爱，能看到未来的希望，他们一定会更有信心去面对挫折，迎接挑战！

在孩子遭遇挫折时，父母要做好两件事：一是表达无条件的爱；二是让孩子在挫折中看到希望。

换种眼光看孩子

曾经在校门口里看到这样一幕：卖水果的大嫂旁边，站着一个十岁左右染着黄头发的小女孩，欢快地跳来跳去。大约一二年级的小女孩，一只手牵着妈妈，另一只手指着那位黄头发的女孩说："妈妈，那个小女孩金色的头发好漂亮哦，我也要把头发染成那样。"只听见妈妈很粗暴地回应道："漂亮个鬼，小女孩把头发染成那样像什么话？你小孩子懂什么漂亮？我告诉你，如果你把头发染成那样，爸爸妈妈立刻把你剃成光头，让你变成丑八怪。"只见那女孩惊愕地看着妈妈，之前那灿烂明亮的眼神黯淡下来。她像犯了错似地跟在妈妈身后，一声不吭。

我猜想，那一刻，那女孩一定很难受，她不知道自己错在哪里。以她小小的年纪，真心觉得金色的头发很漂亮。她只是表达了她看到的和她的真实的想法，但没想到妈妈的反应如此强烈。妈妈的反对和威胁来得这么猝不及防，女孩给整懵了，不知该如何回应。她一定不理解：怎么我觉得漂亮的，妈妈不觉得漂亮呢？

我替那位妈妈担忧，这孩子现在小，父母的威胁恐吓的话或许有震慑作用，但当孩子长大一点，青春期时，妈妈的烦恼也许就来了。她可能会发现孩子叛逆，不听话，不配合，自作主张，也可能会烦恼孩子不喜欢和她交流。就像许多家长常常跟我说的那样："我也不知道为什么，他和别人那么能说，但见到我却没话可说。"

我为什么会有这种预测呢？让我们想象一下这个小女孩的成长过程。也许"金发事件"是她人生第一次意识到：原来妈妈的想法和我不一样。接下来，生活中一定会发生许许多多类似的事件，妈妈仍然不能理解她，并且用简单粗暴的方式回应她，她会越来越深刻地感觉到，很多事情，妈妈和自己想法是不一样的。慢慢地，她对妈妈失望了，认为妈妈是不可能理解她的。到了青春期，随着自我意识的增强，孩子开始学会要么用叛逆的方式捍卫自己的主张，要么用冷漠的方式对待父母。

为什么青春期的孩子常常嫌父母唠叨，不愿意和父母沟通？面对青春期的孩子，为什么许多家长都有很深的挫折感，想要寻找那把开启和孩子对话的钥匙，却常常不得其门而入？究其原因，孩子大体上都有这样一个不被理解接纳的成长过程。

青春期的孩子，处在身心剧烈变动期，生理和心理都未臻成熟，他们需要理解、尊重、包容和接纳。要真正做到这一点，家长们需要用宽大的胸怀去接纳孩子，要站在孩子的角度看问题，换种眼光去欣赏孩子。

换一种眼光欣赏孩子，不要粗暴拒绝孩子的感受，而是换一种眼光去发现孩子的可爱之处，理解孩子每一个成长阶段的主导需求，接纳、包容、理解孩子的天真与不成熟，然后用合适的方式进行引导。就像那个金发事件，如果你的回应是："哦，真的，那金色的头发真的很漂亮，我们宝宝好厉害，所有漂亮的东西都逃不过你的眼睛。不过妈妈必须告诉你哦，染发剂是有毒的，染头发会伤害身体，所以妈妈不希望你去染发。"我想孩子在接受你的引导的同时，下次可能还会有更多的想法与你分享，向你请教。

如果你能用宽大的胸怀和崭新的眼光去对待孩子，你会发现陪伴孩子的成长，是一趟非常有趣的探险旅程。你不必强求孩子改变，也能不断有新的发现，新的惊喜。

就像法国作家普鲁斯特所说：真正的发现之旅，不在于寻找新的景观，而在于拥有新的眼光！

愿你能发现并创造与孩子相处的无尽的快乐！

换一种眼光欣赏孩子，发现孩子的可爱之处，理解孩子每一个成长阶段的主导需求，接纳、包容、理解孩子的天真与不成熟，用合适的方式进行引导。

你能不能快一点

早上，过道里又传来张妈妈催促孩子上学的声音："快点快点，你怎么总是这么慢，急死人啊！"

路边，一个妈妈牵着3岁的孩子在念着《弟子规》，很耐心，一遍又一遍。孩子很机械地念着，眼睛东张西望，突然发现旁边有一只小蚂蚁，立刻蹲下来，很好奇地观望着。这位妈妈很生气地把孩子拽起来说："怎么这么不听话，念书的时候不可以玩的，快起来！"

曾经有一个很火的视频，一个非常可爱的约4岁左右的小女孩，被妈妈逼着背乘法口诀，背了无数遍，还是三五三十五，她用很可爱的声音带着哭腔说："这三五十五实在太难了，永远都学不会！"

"快一点快一点"似乎已经成为很多家长的口头禅了。虽然越来越多的家长知道"上帝让我牵一只蜗牛去散步"的故事，知道孩子有其自身的生长发育特征，知道耐心地等待孩子成长是一个美好的过程。可是时间不等人、学习不等人、同伴更不等人。当别的孩子在台上侃侃而谈，而我们的孩子还躲在台下无所展现的时候；当夜半孩子作业依旧没有写完的时候；当距离上课还有十分钟而孩子依旧没有到校的时候……我们除了催，还能怎么办呢？

其实还有一种办法，就是等，等待孩子成长，静待花开。也许你会说，这怎么能等，错过了好的机会，错过了成长的关键时期，孩子长大了会怪我们，说我们没教她……想到这些，父母怎么等得及呢？

我认为，毫无作为的“耐心等待”与“着急催促”是一样的。等待不是被动地等，而是有技巧地积极等待。

积极等待有三大要素：

第一，发现优势。每个孩子都有他的弱势和他擅长的部分。家长们觉得难以等待的部分常常是孩子较弱的部分，对孩子弱势的过分关注与着急常常于事无补，也会摧毁孩子的信心。孩子身上是有许多潜能亟待挖掘的，而这些潜能的发现真的需要“耐心地等待孩子成长”。当家长们能耐心等待，用鼓励赞美帮助孩子用优势建构信心，用信心去提升自己的弱势时，孩子必能茁壮成长。

第二，适时引导。孩子是需要引导的，就像小树苗，如果放任其生长，就会多出许多枝枝杈杈，所以需要不住地修剪调整。耐心等待孩子成长，不是在孩子出现问题的时候家长不作为，把问题交给“老师”或者“时间”，而是在第一时间给孩子帮助，而这种帮助是非强迫的、不焦虑的，用成人的冷静和睿智来引导、帮助孩子。让孩子在有困难的时候会首先想到你的帮助，而不是惧怕你的催促和责备。

第三，以身作则。家长在等待孩子成长的过程中，自己也必须成长，才能获得孩子的认可和钦佩，孩子才愿意追随你的脚步，走得更快一点。

越来越多的妈妈选择了全职，却只是茫然于照顾孩子的一日三餐，无休止地唠叨着孩子的日常行为，却不知道孩子在不同阶段的不同生理、心理需求，也不知道与时俱进，结果导致孩子烦不胜烦，自己也徒增伤心。家长和孩子是需要同步成长的，家长们带来正能量，孩子们就会信心满满向前冲。若家长们只是一味要求孩子，自己却在无所事事中蹉跎，就不要怪孩子没有上进心。

所以，等待孩子成长不是盲目等待，而是用欣赏、鼓励与爱去适度引导，用自身榜样的力量去推动，留有时间和空间去积极等待孩子的盛开。

马迪·金的诗《如果您能记住》很能反映孩子们的心声，与各位家长共勉。

如果您能记住

您走一步，我要走三步才能赶上

如果您能理解

我观察世界的眼睛比您的眼睛矮三英尺

如果您在我乐意的时候让我自己试试

而不是把我推到前面或挡在后面

如果您能满怀爱心地感受我的人生

不剥夺我自决的需要

那么我将长大、学习和改变

如果您能记住

我需要时间获得您已有的生活经验

如果您能理解

我只讲述那些相对我的成熟程度来说有意义的事情

如果您能在我可以时

让我独自迈出一步

而不是把我猛推出去或拉回来

如果您能用您的希望感受我的生活

而不破坏我对现实的感觉

那么我将长大、学习和改变

如果您能记住

我像您一样，失败后再试需要勇气

如果您能理解

我必须自己弄清我是谁

如果您在我想要时让我自己寻找自己的路

而不是为我选择您认为我该走的路

如果您用您的爱感受我的人生

而不破坏我自由呼吸的空间

那么我将长大、学习和改变。

等待孩子成长不是盲目等待，而是用欣赏、鼓励与爱去适度引导，用自身榜样的力量去推动，留有时间和空间去积极等待孩子的盛开。

我愿
做台下喝彩的人

一个人坐火车去杭州出差，旁边一对母女，于是愉快地聊起来。12 岁的女孩告诉我，最讨厌的是举手发言，最不喜欢上台表演，最嫌弃妈妈总是逼迫她在客人面前弹钢琴，尽管她钢琴已经过了十级。在谈到她不喜欢的这些事情的时候，眼里有许多委屈与无奈。

而这位妈妈对我说："我的孩子什么都好，就是性格内向，胆小自卑，不敢举手发言，不敢上台表演，钢琴过了十级，可是还不敢在别人面前弹。我不知道怎样可以让她自信点在人前展现自己？"这位妈妈是一位小学老师，穿着时尚，多才多艺，经常在学校的各种晚会上担当主持人。她提到去年主持学校的迎新晚会，因为她幽默的话语，机智灵活的应对，博得满堂的喝彩的时候，眼中闪着光。

这位妈妈懂得教育的规律，从不在学习上逼迫孩子，总是循循善诱，所以孩子学习成绩也挺好的，但她就怕孩子将来没有“出场”，在社交场合怯场，不敢表现自己，担心这会影响孩子未来的成功和发展。妈妈很着急，希望孩子能够懂得表现自己。

当妈妈上卫生间的时候，女孩告诉我说：“我妈妈乱说，我根本不是不敢发言，不敢上台表演，真的需要我的时候，我是可以的。只是我不愿意。干吗每个人都得表现自己呢?！我觉得听别人发言，看别人表演更舒服，有演员也要有观众啊。况且有些事情，我做得好别人自然知道，不需要刻意去表现啊。我就不喜欢妈妈老是乱表现，也不明白妈妈为什么一定要强迫我做我不愿意做的事情呢?”

我突然明白了，妈妈和女儿是完全不同性格的人。妈妈热情开放，喜欢表现自己，感染别人，在人群中总是能发挥自己的影响力，可能她这么多年来因为这种性格也获得了很多成功，所以她根据自己的经验，希望女儿也像她这样。而女儿恰恰不是这种性格的人，女儿内敛含蓄，喜欢思考，深入细致，不愿意表现自己，认为好多事情不用刻意表现，事情做好了，别人就能看得到。性格原本没有对错，只是互相不懂，所以矛盾冲突就来了。

当我问那位妈妈：“你期望你女儿看到你在舞台上的风采并引以为豪吗?”那位妈妈说：“当然啰，可是这孩子从来不说这种话的，有时候我也挺郁闷的。”

当我问那位女孩：“你期望妈妈能接受你在台下看表演，并且认可你不必去表现，只是做好自己就够了的这种方式吗?”那女孩说：“当然啊，可是妈妈不会听的，她就是要我去表现她才开心。”

我们似乎更擅长用自己的模式去看待彼此，要求彼此。我们喜欢的，就认为对方也喜欢，我们不喜欢，就认为对方也不喜欢。“己所不欲，勿施于人”，这曾被称为沟通的黄金法则，在今天已然不适用了。我们似乎更应该改成“给己所要，不如投其所好”。在上例中，如果妈妈懂得女儿，不强迫女儿在台上表现，而是嘉许女儿在台下的努力和付出，女儿会更欢喜；女儿如果懂得妈妈，不是用自己的模式去评判妈妈，而是认可妈妈在台上的表现力和影响力，妈妈会更开心。如果母女常常处在这种愉快的心情中，或许很多矛盾就不存在了。

其实我和那位妈妈曾经有过相同的期盼。听听初三的时候，班主任说，每位同学都申报要做一次班会的主持，就我女儿没有报名，于是我找听听讲了一通大道理，说要自信，要锻炼自己的影响力，要抓住机会等等，听听被我说烦了，就说：“我又不喜欢上台，你好吵啊！好吧好吧，你别吵了，我去报名就是了。”那天班会做完，我问她怎么样，她很开心地说非常好！结果我后来一打听，才知道，她根本都没上台。每次班会主持，是两个同学合作，她把 ppt 做好，台词写好，让那位同学上台讲，博得满堂喝彩。她说：“很多人都赞美那 ppt 做得好，我在台下也美美哒，有人误会是我同学做的也没关系，反正我就那么看着别人演绎我做的 ppt，听着别人讲我写的台词，就很开心，比自己讲更开心。”

在那一刻，我明白了，孩子不上台，不代表她不努力，也不代表她没有影响力，她在用自己的方式成就自己，影响别人。孩子与我是不一样的，我喜欢的模式，我认为的快乐，她不见得能感受到。她做她自己，也可以很有力量，她做她自己，才能过得更幸福更快乐。

美国有一位专门研究内向性格的专家苏珊·凯恩（Susan Cain），她写了一本书，叫《安静：内向性格的竞争力》。书中认为，在强调竞争、高调与张扬的社会，外向者往往被赋予更有能力的假象，其实内向并不代表没出息、保守、没有进取心。内向的人勤于思考，温和坚定，拥有高品质的社交关系，有着安静的竞争力。

所以，承认并接纳孩子的性格差异，允许孩子做那个在台下喝彩的人。内向的孩子也有她自己优秀的方式。让她做自己，她会更快乐，更有力量。就像内向的圣雄甘地曾经说过：“你可以用一种温和的方式改变世界。”

让孩子做他自己，也可以很有力量；让孩子做他自己，才能过得更幸福更快乐。

我想被看见

一位妈妈告诉我，她儿子太脆弱。她举例说，读幼儿园的儿子特别黏她，甚至要求妈妈陪她上幼儿园，上兴趣班，一旦没看见妈妈，就拼命地哭闹。妈妈后来不得不勉强陪他上兴趣班，结果孩子也没兴趣听课，频频回头看着妈妈，生怕妈妈走了。带他去麦当劳的游戏区玩，妈妈坐在旁边等他，可是孩子不一会儿就哭着出来了，问他为什么不玩了，答："妈妈你一直玩手机，你都没看我，你为什么总是不看我？"她所描述的这些现象我很熟悉，我认为这个孩子不是脆弱，而是期待被妈妈看到。

我也曾经觉得女儿听听很脆弱。记得听听刚上幼儿园的时候，好长一段时间，死活不肯进教室门，每次都是老师强行从我手上抱走，然后就听到她在教室里哭得撕心裂肺，天昏地暗。我每次在教室外面听到她的哭声，都心疼万分。更让我心疼的是，下午放学后去接她，我看到别的小朋友正玩得欢，而她则抱着她的小书包孤零零地坐在一个角落里。老师告诉我，她就是这样在教室里坐了一整天，老师叫她和别的小朋友去玩，她都不去。连续多日，天天如此，每次送她，都像生离死别，而每次接她，她都紧紧地抱着我，仿佛久别重逢。我问她："你为什么不和别的小朋友玩呢？幼儿园多好玩啊！"她回答我说："她们又不认识我。"原来，那个看起来不合群的女儿也渴求朋友，也希望被别人看见。

第二天，我在超市买了一堆果冻、小饼干、糖果，来到女儿所在的班级。女儿仍然一个人孤零零地坐在教室的角落里，很无助地看着其他小朋友，而其他小朋友玩得正欢。我要求老师给我一点时间，让我与其他小朋友沟通一下，老师同意了。于是我把小朋友们召集起来，拿着那些糖果，对他们说，谁要是能叫出那个新来的小朋友的名字，就给他一个果冻，或是一包小饼干，或是一小包糖果。小朋友们欢呼雀跃起来，互相询问：这个女孩叫什么名字？有的孩子还直接来找听听问她的名字。

第二天早上，去上幼儿园的时候，听听虽有点依依不舍，但没有哭闹了；第二天下午去接她的时候，听听和其他小朋友玩得正欢呢，当我要求她回家的时候，她还一再地央求我，让她和别的小朋友多玩一会儿。

那一刻，我明白了，两天之内，孩子从脆弱变得开朗而乐观，是因为她被小伙伴们看见了。

为什么被看见如此重要？因为当我们感受到自己被看到，自己是重要的，我们就有力量；当我们感受到自己不被看到，"镜子"照不见自己，我们就变得自卑脆弱。

有时候，一个人太脆弱，往往不是宠出来的，而是因为童年时没被看到。一个不被看到不被重视的孩子，因为缺乏力量而脆弱。

回顾自己这些年的人生历程，一直拼命地武装自己，坚持不懈地与自己的脆弱做斗争，但仍摆脱不了在压力下的自卑胆小退缩。为什么别人对我寥寥数语的责备，却犹如晴天霹雳？为什么有时候一个很小的挫败，就足以让我崩溃？那是因为在童年时期，妈妈太忙，家里经济状况太差，兄弟姐妹太多，自己又被寄养在外，在那么漫长的成长岁月里，我经常不被看见，所以没有力量，没有底气，自卑脆弱。

今天的我，之所以可以变得自信勇敢有力量，正是因为我通过自己的努力，让越来越多的人看见。如果在我的童年时期，妈妈能看得见我，或许，这条路不会走得这么艰辛。

今天，我做妈妈了，我一定要做好这面镜子，我要照见自己的孩子，我要感受她的感受，快乐她的快乐，愁苦她的愁苦，我要让她清晰地被照见，让她变得更有力量。也让自己被她照见，照见我的努力，照见我身体与心灵的付出，让我也因此更有力量。

诗人鲁米有句诗："我们是镜子，也是镜中的容颜。"是的，在关系中，让我们做彼此的镜子，彼此看见，彼此给予力量，你存在，我也存在，这就是爱！

为什么被看见如此重要！因为当我们感受到自己被看见，自己是重要的，我们就有力量。

“手机控”，儿子和你一样

又一位妈妈因为12岁孩子的严重网瘾与“手机控”来求助。她说为了让孩子好好学习，她把孩子的手机缴了，孩子却以不去上学来对抗，甚至说不把手机还给他，他就去死。焦虑的妈妈面对我说这番话的时候，还边翻看着微信朋友圈，说为这个问题，她在自己的微信群里求助，在朋友圈里求助，虽然有很多人给她支招，可是到现在为止，还没收到任何靠谱的答案。我注意到，这位妈妈在聊到朋友圈的时候特别兴奋，说她的那些朋友都非常热心，每当她发出问题信息的时候，都能收到很踊跃的回应。

这是一位全职妈妈，每天除了必要的家务时间之外，几乎所有的时间都在手机和网络上了。她说这两年有了微信，她的朋友圈里幼儿园、小学、中学、大学的同学朋友全都联系上了，因为她比较有时间，便做了很多群的群主。这两年她觉得过得很开心，似乎生活更有意义，更有成就感了。不过也不得不花更多的时间在手机上了。

我开玩笑说："既然这样，你就该理解你的儿子为什么是'手机控'了，他是跟你学的呀。如果你爸爸妈妈在你身边，现在也该说你'手机控'了吧。你看在刚刚和我谈话的这半个小时里，你一刻也没离开手机哦。孩子不是跟你学的吗?"

她着急地辩解说："这怎么一样？我是用来打发闲暇时间，和朋友联系；他是用来打游戏，上 QQ。他还是学生，他的主要任务是学习。"

我说："只能说你们身份不一样，时间不一样，但内心的追求是一样的，你们在追求同一样东西，就是价值与成就感哦!"

这位妈妈不解地问："他为什么要用手机来追求价值和成就感呢?"我问："假设你是你儿子，以他现在的读书和生活状况，你觉得他会有价值和成就感吗?"

这位妈妈想了想，摇摇头说："好像也是，我猜他可能也没有任何成就感。他性格内向，不太和人沟通，好像也没什么朋友，成绩又很差，几乎没有一门功课及格，我们经常被老师叫去学校，他爸爸经常骂他甚至打他。不过他游戏打得很好哦，他说他的同学都比不过他。我偷偷上过他的 QQ，发现他在 QQ 里的名字居然是开心果，他在 QQ 里和人说话的时候特别幽默，似乎别人都很喜欢他。他平常和我们都没有笑脸，但经常看到他拿着手机，边笑边打字。"

我说："儿子这个状况，与你一样的哦。你不是说之前你也过得很抑郁吗？儿子之前也是哦。你不是现在有了手机微信你就有了价值感和成就感吗？儿子也是哦。只不过儿子比你可怜。你是大人，你可以想怎么做就怎么做，你觉得开心就可以任何时候都拿着手机；儿子是孩子，行为要接受家长和老师的约束，所以不能很放肆地玩手机，人家想要多快乐一下，你就把人家的手机缴掉，人家能不急吗？”

妈妈若有所悟：“你说得也有道理，那我该怎么办呢？难道就由着他没完没了地玩手机吗？”

我说：“导致孩子网瘾和‘手机控’，与孩子的价值感和成就感有重要关系，不见得是全部，但一定是很重要的一个方面。如果你能在现实生活中多给他一些价值认同和成就感，同时让他多感受到一点爱与关心，他也许就不用到游戏、QQ 中，到虚拟世界中去寻找了。之前有一位想要孩子戒掉网瘾的父亲，曾经用陪同孩子疯狂游戏，并在孩子上学的时候，雇佣专业游戏玩家把孩子的游戏级别打到顶级，让孩子觉得打游戏再也没有成就感的办法，让儿子成功地戒掉网瘾。这一招对他儿子适用，不见得对你适用。你是妈妈，你了解自己的儿子，你应该可以找到方法的。”

妈妈说：“那以后他做得好，我就多表扬他一点，做得不好，就多鼓励一点。我找他好好聊聊，看看到底怎么做最好。我再想想……”

我相信爱孩子愿意学习的妈妈都是智慧的妈妈。一定会有方法的。

如果在现实生活中多给孩子一些价值认同和成就感，让孩子多感受到爱与关怀，孩子也许就不用到游戏、QQ 和虚拟世界中去寻找了。

孩子为什么容易放弃

一位焦虑的妈妈带着孩子来找我，诉求是让我帮忙劝劝她的孩子，钢琴好不容易考过了8级，现在放弃了太可惜，希望她坚持下去。令妈妈痛苦的是孩子不但钢琴不能坚持下去，学习成绩也特别差。妈妈觉得这孩子做什么都坚持不了，很担心孩子未来一事无成，于是无比焦虑。

而这个孩子问我："弹钢琴那么痛苦，我为什么要坚持？老师你不知道，现在的我多么后悔。自从五岁的时候，爸爸妈妈带我去卖乐器的店里，我也不知道哪根神经搭错了，用手在钢琴上划过，让钢琴发出一串有节奏的声音之后，爸妈就以为我是钢琴天才，不惜重资给我买了一台钢琴回来，不惜重金请来一个钢琴老师，从此我的厄运就开始了。爸妈每天逼迫我弹2个小时的钢琴，不弹就打我，所以虽然我钢琴过了8级，可是那个过程非常痛苦。我每天回家只要一走进那个放有钢琴的房间，就不舒服。小时候怕被爸妈打没办法，现在我都是中学生了，我终于可以自己做主了，所以我决定不弹钢琴了！现在是爸妈也拿我没办法。老师您也别想说服我，我现在过得很开心。”

我说：“你钢琴弹那么好，都过了八级了，现在放弃是不是可惜？”

孩子说：“老师你别听我妈妈胡说，我那哪算好啊。你知道我要坚持每天练2小时，这些年下来才过8级，而我的同桌，小学二年级就过了八级。他根本就没怎么练习，哪像我这么辛苦。不过那小子就是不会打球，每次打球都输给我。”

我看到他说起打球，眼睛里放着光，就问：“你喜欢打什么球？”

他说最喜欢踢足球，他和高年级的同学踢球时，很多高年级同学都踢不过他。他也很关注足球明星，说起很多足球明星都如数家珍，在哪个俱乐部踢球，什么身价，曾经经历过什么赛事，成绩如何等等。讲到开心的地方，眉飞色舞。我不懂足球，可是很被这个初二的男孩感染。我带着崇拜的眼神看着他，说：“你真棒，你怎么懂得这么多，你是怎么做到的？”他说：“你不知道，这很有趣啊！我买了很多足球杂志，了解各种足球信息；我还经常去看大学生球赛，看他们怎么踢的，有机会我还上网查找足球明星的资料等等。我有一个同学爸爸居然是足球教练，我经常要求到他家去玩，可以顺便找他爸爸问问题……”但说到最后，这个男孩突然眼神黯淡下来，说：“可是妈妈不让我踢球，说耽误学习，还说又不能靠踢球当饭吃。我说我将来学体育，可爸妈都不同意。”

我终于明白这个孩子为什么想要放弃弹钢琴。这和孩子放弃其他东西，无论是画画、学习，都有差不多的理由。

孩子们会放弃，常常是因为以下三点：

不快乐。人的本性是趋利避害的，给你带来痛苦感受的东西你当然想回避。案例中的孩子，学习的过程是非常痛苦的。就钢琴和足球相比较而言，足球更符合孩子的兴趣，所以他会有巨大的驱动力，自己积极地去做种种努力；而钢琴，他没有那么喜欢，再加上爸妈的严苛教育，导致初期的一点兴趣也消耗殆尽，所以会选择逃避。对他而言，如果坚持弹钢琴，犹如在一条黑暗的道路上苦苦挣扎，永远看不到尽头，还不如放弃。

不自信。通过和同桌的比较，可以看出，他虽然已通过了八级，可是他并不自信，虽然他可以通过努力去提升自己的水平，可那不是自己的长处，他努力的极限可能才是别人的起步，所以他不自信。

缺少激励。看来孩子妈妈平常对孩子传递负面信息较多，诸如什么都坚持不下去，钢琴也好，学习也好；对孩子感兴趣的足球，也同样给出负面信息，如耽误学习，或者踢球不能当饭吃。缺少正面的激励，孩子容易丧失坚持。

所以，要真正做到激励孩子坚持，对于父母而言，要做的是两点——接纳和正面激励。

接纳孩子的不完美，因为孩子的自信往往是从父母接纳孩子的不完美开始的；正面激励，因为正面激励能激发人内在的潜力，能推动人去迈向不可预知的未来。

我如果是她妈妈，从现在开始，就不强求他弹钢琴，让钢琴成为娱乐而不是压力，喜欢的时候才弹一弹。我会从激励他好好踢球开始，鼓励他将来读好的体育学院，让他快乐并不断建立自信，并以此激励他好好学习，这样应该让他更有动力在学业上和理想上坚持。当我们这么激励的时候，谁知道他会不会成为下一个罗纳尔多呢?

真的可以下不为例吗

前不久在超市收银处等待排队时，看到一个约 5 岁的孩子拿来一包膨化食品，看着妈妈，想要扔进购物车。妈妈毫不客气地说：“放回去。我说过这种东西不能吃。”“求求你，妈妈，我就买这一次好吗?”“不行。”妈妈态度似乎挺坚决。孩子开始哭闹说：“我要，我要，我就要!”妈妈非常生气地说：“不许哭，再哭我连购物车里的都不买了。”爸爸却在旁边说：“就买一次也没什么大不了的，很多孩子吃了不也没事吗?”妈妈听爸爸这么一说，也就不坚持了，对孩子说：“好吧好吧，说好了，就买这一次，下不为例哈!”孩子立马擦干眼泪点点头说：“好，就这一次，下不为例!”

请你推测一下，这“下不为例”能兑现吗？这孩子将来能听话吗？答案当然是否定的。这样一个过程，已经种下了孩子长大后不听话的种子。

这件事情传递给孩子四个信息：

第一，听话是可以选择的，不是必需的。原来爸爸妈妈订的规则也是可以不遵守的。

第二，会哭的孩子有奶吃。原来哭闹是有效果的，下次在要求没有达成的时候，可能再次使用这一招。孩子试探家长边界的行为会持续增多。

第三，爸爸妈妈原来也是有不同意见的，以后有要求，如果妈妈不支持，可以找爸爸。

第四，原来不听话无须承担责任，还有奖赏。

如果家长持续地用这种方式和孩子互动，孩子真的就会成为那个不听话的孩子。

如果我们要探索原因的话，我认为这是家长的问题，没有给孩子设立一个清晰的边界，没有确定违反规则的后果，孩子在执行你的规则和要求的时候，打折扣成为理所当然的了。你可以设想，将来你对孩子说："作业必须在十点前完成。"他一定认为是可以讨价还价的，所以养成拖拖拉拉的毛病；将来你对他说："你只能买两件衣服。"他也认为还有得商量，可以抱有更高的期望，当期望没有达成的时候，就开始有情绪了，或者就开始吵架了。家长们之所以在今天会有这些困扰，归根结底可能还是自己的问题。

记得女儿小时候，做作业也是拖拖拉拉的，明明九点左右就可以完成的作业，有时候十一点多也没完成。所以我订下了"作业必须在十点之前完成"的规则，十点就关灯睡觉，没有做完就不要做了，身体要紧。初期她是不以为然的，宣布完规则的第二天，她还没有准时完成作业，十点之后照样慢慢悠悠地做着，我毫不客气地把灯关了，让她睡觉，她哭闹说："没做完作业，明天会被老师骂的。"我说："那就让她骂吧，妈妈认为身体比学习重要。”我没有生气，很平静很坚定地坚持着，无论她如何哭闹都不为所动。结果第二天，我被女儿老师叫到学校去了，说女儿没完成作业，女儿对老师说是家长不让做完作业，老师很奇怪，问我为什么。即使这样，第二天女儿十点前仍未完成作业，我照样十点关灯，让她自己去接受明天班主任的拷问。结果从那以后，女儿的作业都奇迹般地在九点左右就完成了，作业拖拉的毛病从此改善了。

在这件事情上，我想让女儿明白，这种规则是认真的，必须遵守，不能讨价还价，我和她的沟通是和颜悦色，但同时又是坚定的；不守规则造成的结果是让女儿自己去承担的，所以后来才有真正的下不为例。

所以，在和孩子互动的过程中，设计规则重要，坚定地执行规则，并且让孩子承担不守规则的后果同样重要。想要养成真的听话的孩子，家长们不妨试试哦！

设计好规则，给孩子设立一个清晰的边界，确定违反规则的后果，让孩子懂得遵守规则，承担后果。

学习和健康，你更在意什么

一个初中三年级的孩子，以前曾经参加过我的训练营，在我的印象中是阳光的，细致的，善解人意的，并且特别爱学习的，但今天，来我咨询室的时候，他满脸憔悴，也瘦了许多，整个人显得特别沉重的样子，让我很心疼。

我问他，最近怎样？他告诉我说，实在太糟糕了！有三大问题：第一，学习问题，老师布置作业太多，做作业时间太长，上周连续五天作业做到两三点钟，可是学习成绩还是不好；第二，身体问题，体育课老师训练强度太大，身体不堪负荷，浑身酸痛，再加上熬夜，感觉快虚脱；第三，生活问题，妈妈突然调到外地工作，爷爷奶奶来照顾他的生活，非常不习惯。所有这一切，构成他巨大的压力。学习时间太长，导致上课精神不好，注意力不集中，听不懂，又导致作业时间更长，身体更糟糕，总之恶性循环，不知道何时到头。孩子在说这话的时候，频频打着哈欠，满脸的惆怅。

我知道这孩子给自己的压力太大了，压力不仅仅来自于上述三大问题，还来自于这孩子已经是第二年读初三了，他深知去年中考没考好，给父母带来多大的压力。所以他要求自己今年一定要加倍努力，一定要考上江西师大附中。可是事与愿违，无论他怎样努力，成绩还是上不去，他也非常苦恼，不堪负荷，却又无可奈何。

我问："学习、身体、生活，还有你对自己的要求，改善其中的哪一项，会令你的所有状况有所改善，且你自己能做到的？"

他思考了很久说："如果说一定有什么可以改善的话，那就是睡眠。如果每晚能在12点钟之前睡觉，应该会好很多。可是作业真的做不完，那作业怎么办呢？"

我问其他同学都是这样吗？他说不是，成绩好的同学都做得很快，成绩差的同学都拿别人作业来抄，他不愿意这么做，所以总是完不成。

当我提议说，以后无论如何，无论作业有没有完成，都在12点之前睡觉，而且安心踏实地睡，不要总惦记着作业，问他能否做到？

孩子反驳到："不行，这样会被老师骂的，爸妈知道也不高兴的，这是不负责任的行为。"

我说："你不需要对老师负责，对爸妈负责，你最需要的是对自己负责，对自己的身体负责。如果一定要在学习和身体之间做选择的话，我宁可你选择自己的身体，我想你爸爸妈妈那么爱你，他们一定和我有同样的选择，你对自己负责，才是真正体贴你的爸爸妈妈，否则，即使你成绩上去了，如果身体垮了，成绩也变得毫无价值。况且这两者其实不总是矛盾，而是相辅相成的。当你能按时睡觉的时候，你上课效率就会更高；听懂了，作业就会更快，也许很快就能在 12 点之前完成作业，就不用熬到两三点；这样成绩也会慢慢提高，心情会更加轻松。这样使原来的恶性循环变成良性循环了，你说是不是呢?”我在说这话的时候，这孩子突然一拍脑袋说：“哦，我怎么没想到这一层，每天没有时间思考，只是傻傻地应付作业，争取不被老师骂，无望地期待学习能好一点，结果让自己处在绝望之中。我原来只考虑到对老师负责，不辜负爸妈的期望，对，我现在知道了，我最需要对自己负责，身体比学习重要，我要先养好身体，才能不断提高学习，才能不辜负爸妈的期望。”他答应我从此 12 点之前睡觉，无论作业有没有做完。从我这里离开的时候，他仍然打着哈欠，微笑着和我道别，说一定要把自己从这种混乱状况中拯救出来。

很简单的一次咨询，我其实没帮到这孩子什么，只是引导他重新思考。人在忙碌的时候、压力大的时候就会变傻，大人是这样，孩子也是如此。我们无法改变目前教育体制的弊端，但也不能放弃一切去适应。对于所有的家长而言，孩子的健康、快乐、幸福应比成功更重要。

如果一定要在学习和身体之间做选择的话，身体更重要。

你相信你的孩子吗

曾经在学校门外，看到一位家长指责只考了50分的孩子说：“你看看你，多会骗人！你上次说每天给你一点时间玩游戏，你下次至少考80分。你还想玩游戏吗？你觉得我下次还会相信你吗？”这位家长满脸愤怒，那位孩子一脸沮丧。

12 + 公益群中，一位妈妈提到给孩子100元到良品铺子买零食，要求孩子只花50元，可是孩子显然多花了钱，问及余钱的时候，还谎称借给同学。这位妈妈非常生气，她说生气不是因为孩子多花了钱，而是孩子不守承诺，同时又不诚实，所以她忍不住指责孩子。

我不知道她会如何指责，我希望她不会像前面那位家长那样说：“我再也不相信你了！”也许你会问：当孩子不守诺言，不诚实的时候，我还能信任他吗？

我会选择信任。因为我坚信，信任是一种保障性循环，你相信什么，就会令什么结果发生。

我相信没有遵守承诺的孩子，他内心是愿意遵守承诺的，不过是因为贪玩，因为天性，因为能力等原因暂时没有做到。他在没做到的时候，内心是充满了自责与内疚，同时也是沮丧和自卑的，认为自己不行不能不可以，可当你选择相信他下次可以做到的时候，他也会因此变得自信，相信自己下次可以做到，内心的歉疚可能就化为动力了。

我们在成长的过程中，都曾经做过不诚实的事情，就像李女士分享的，上大学的时候，为了买看中的一件大衣，对爸爸谎称看中一套书籍，获得200元买了大衣。爸爸知道了，什么也没说。我猜想，李女士之所以今天还记得，一定是当年做这件事情的时候，内心充满了不安与歉疚，如果爸爸因此责备她，不再相信她，她可能不会再提起，因为心理负债已经与责骂互为抵消，心理平衡了，自然不惦记了。同时，被责备了，下次还可能再犯，因为反正不被信任，反正我在他心中就是这个样子。

但如果选择信任，情形可能不一样。我猜想李女士的爸爸知道却不说，一定是因为相信这不是她的本质，相信她会做好的。正是因为爸爸什么也没有说，李女士的歉疚便一直存在，一直有个声音在提醒李女士说，下次不能再这么做了，不能辜负爸爸的信任了。每个孩子内心都是向善向好的，当他不守承诺的时候，是在不断地付出心理成本的，当这种心理成本累积到一定限度的时候，他自己也会受不了的，最后只有从遵守承诺中解脱自己。这可能是为什么绝大部分曾经撒谎的孩子，最后都像李女士一样，可以成长为一个诚实的人。

心理学里有个罗森塔尔效应。罗森塔尔先生是一位很权威的心理学家，有一天，他来到一所学校，在所有老师和同学面前，挑出几个学生，告知大家这几位同学智商超群。这几位学生，他是随机挑出的。可是很奇怪的是，一段时间以后，这几位学生的学习成绩就噌噌地上去了。这，究竟是怎样做到的呢？

很简单，一切源于信任。

因为被点名的学生信任心理学家，所以变得自信了；因为老师和其他学生信任心理学家，所以他们从此看这几个学生的眼光不一样了；也许这几个孩子回去还会和爸爸妈妈说，爸爸妈妈也因为心理学家的关系对他们更信任了。这几个孩子从老师同学爸爸妈妈的眼光中读出他们的信任，因此也变得更自信了。信任的良性循环就是这样演变的，你相信什么，就会令到什么结果发生。

所以，如果可以，就请相信你的孩子。当然，他可能还是无法满足你的信任，那也请用信任的眼光去解读，因为孩子也信任着你的信任。当孩子没做好的时候，你对他说："你怎么这么笨，这点小事都做不好！"他会相信的，他也许就会笨给你看；当你对他说："你这么聪明的孩子，相信这点小事是难不倒你的！"他也会相信的，他可能就展示出聪明给你看。

孩子的成长过程就像百米赛跑，当你信任他能跑完全程的时候，当他只跑了十米，你会说：加油，已经跑了十米了；他只跑了50米的时候，你会说：加油，你已经跑了一半了；当他只跑了90米的时候，你会说：加油，还有10米就到终点了！

让我们用信任与鼓励陪伴孩子赢在终点，而不是用质疑的目光把孩子的梦想与希望掐死在路上！

他好不容易考上名校，却想辍学

一位焦虑的母亲带着孩子来咨询，原因是，孩子好不容易考上北京一所名校，才开学 10 来天就不想读了，想要辍学，复读重考。

我初始以为是专业不合适，或者孩子想要考更好的学校。

可是那孩子告诉我，他只想考南昌的学校，北京实在待不下去，理由居然是食堂的饭难吃，他的衣服很难洗，同寝室的人 12 点都不睡觉等等。

我看着眼前这个白白净净高高大大斯斯文文的男孩，听着他用与常人不一样的思维，清晰地分析他当前的生活状态。

我心里很明白，不是学校的问题，也不是地域的问题，而是这个孩子的适应力出问题了。即使是南昌的高校，他应该也很难读下去的。

我很不理解：这么高大的孩子，是什么让他内心如此脆弱，社会适应力如此差呢?

继续聊下去才明白，他的母亲是个单亲妈妈，被孩子父亲抛弃后把所有的希望都放在这个孩子身上，希望孩子活出人样，活得精彩，为自己争口气。

他的母亲为了让孩子好好学习，为了多陪孩子，放弃自己事业上发展的机会；为了不给孩子的情感适应带来困扰，放弃再婚的机会，包揽了孩子学习之外所有的事情，希望帮助孩子出人头地。

我顿时明白，这孩子所有的问题都来自于他的母亲。母亲把人生所有的希望都押在他身上了，孩子今天的状态，就是这种过度期待的后果。

对孩子有过多期待的人，常常养孩子就像养一只宠物猴子，这只猴子，在主人的过度干涉和过度期待中长大，被教授很多社会技能，到了一定的年龄之后，主人对它说："给你自由，去野生的猴群中生活吧。"猴子却已经无法适应了。

孩子无法适应社会，只好躲回家。这也是很多孩子拒绝上学和拒绝工作的原因。

我这么分析的时候，这位母亲不服气地说："我这么做是因为爱他，想要他将来拥有一个丰富的人生，难道这也错了?"

我说："爱孩子没错，对孩子有期待也正常，但过度期待，就可能南辕北辙，适得其反了。"

首先，过度期望不是爱，而是拒绝。因为这表示，你对眼前这个孩子是不满意的，就像你常常拿他和那个在北大读书的堂哥比较，让他感受到的不是激励，而是自己不行，不够优秀。

其次，过度期望是压力，因为你把自己婚姻和事业中失败的恐惧，以期望的名义传递到孩子身上，让孩子去追求成功，完成你的心愿和梦想，其实是逃避自己的责任，这是一种自私的爱。

第三，过度期望让孩子失去自我。你每天给他安排作息时间，每天打理他的生活起居，告诉他应该报考什么学校什么专业。孩子在你这种大包大揽的支持模式下生活，逐渐失去了思考失去了自我，已经无法感受自己真正要的是什么，没法培养自己的独立性和主体性。

当孩子离开被保护的环境，开始独立在社会中生活的时候，他很难融入，他会害怕，于是找出各种理由逃避。

所以，对孩子的过度期望不是爱，而是孩子自由成长的障碍，是伤害。

过度期待是以爱的名义，为孩子自由成长设置的障碍。

把责任还给孩子吧

一位高中女生，因学习障碍来工作室咨询。她妈妈说其实女儿还算用功的，就是成绩不见提高，这次数学考试只考了68分，妈妈很不满意，打算让孩子去上补习班，可孩子非常排斥，坚决不去。妈妈非常苦恼，她希望我能解决女儿的学习障碍问题，并说服孩子去上数学补习班。

我注意到，她们进来的时候，女儿的书包背在妈妈身上，进来后，妈妈首先从包里拿了一瓶水给女儿，让女儿喝了两口，喝水时瓶盖是她打开的，喝完水后，瓶盖也是她关上的。妈妈告诉我，孩子的作文成绩很好，同时娴熟地打开女儿的书包，准确地拿出作文本给我看。在打开书包的时候，她还很诧异地拿出一本数学练习册问女儿："你又发了一本新书啊？"

那女儿显然很不情愿来到我这里，一进来就对我说：

“老师，我没有心理问题，我觉得你应该给我妈咨询咨询。我哪有什么障碍！我只是用功不够罢了！真正有学习障碍的是我妈，只要是一谈到学习，她就紧张得不得了，动不动就和老师沟通，动不动就翻我书包，查我作业。你刚刚看到了，她对我的书包比我还熟悉。”

我赞同女儿的观点，女儿没问题，是妈妈有学习障碍了。

我问那位妈妈：“你觉得孩子学习是谁的责任?”

孩子妈妈说：“当然是孩子的责任，我只是设法帮她学得顺利一点，成绩能提高一点!”

我说：“从你进来开始，我就注意到，你是一位勇于付出的妈妈。为了能让女儿考好一点，能做的不能做的，都为她做了。你以为能帮助到女儿，提高女儿的学习成绩，但你其实是越俎代庖，你把学习的责任揽在自己身上啦。”

这位妈妈很不服气地说：“我从来没跟她说学习是我的责任，从来都说学习是她的事情。”

我说：“你是没说，你对女儿学习无微不至的关怀，事无巨细都帮她做的体贴，小心翼翼地讨好在学习的她，其实是在暗示女儿，学习不是她的责任，是你的责任，学习是你的事情，与她无关。”

她若有所思地说：“可能我是干涉得相对多一点，这点要回去好好反省一下。那你觉得我现在该怎么办呢?”

我说：“我无法告诉你具体怎么做，只能告诉你一个方向，那就是把责任还给女儿！学习是她自己的事情，让她自己处理好了。你可以应邀协助，但不要主动替她张罗。其实我也无法帮你说服孩子去补课，如果她不是自己愿意去补的话，即使去了，即使花了钱，也不会有价值。”

我记得我女儿在初三的时候曾经拿过一张56分的数学试卷给我签字，

我问："这样的考试成绩你开心吗？"她摇摇头说："不开心。"

我继续问："那没考好的原因是什么呢？"她说了包含没有预习，没有听懂等诸多原因。

我认为这些原因还合理。我继续问："那下一步怎么办呢？"她又说了包含提前预习，多找老师问问题等多种对策，我也觉得合理，就签了字，把试卷交还给她。

可她站在我的桌旁久久没有离去，我问她："你还有什么事吗？"她说："妈妈，你真的没有什么话要跟我说吗？"

我笑着说："我知道你在期待妈妈骂你，我告诉你，妈妈才不会骂你呢，妈妈没那么傻。你现在不开心是因为自己没考好不开心，我如果骂你，你不开心就变成了是因为妈妈骂你不开心了。学习是你自己的事情，跟妈妈无关，我不关心你学习好不好，我只关心你开心不开心。如果这样的状况令你不开心，那你看看，妈妈怎样做可以令你开心点？"

她思考了半天，最后来找我说："妈妈，你还是让我参加那个数学补习班吧。"而这个补习班之前她爸爸要她去她死活不肯去的，这回自己要求去，我们求之不得。送去以后的第一个月的月考，数学考了85分，虽不够理想，但进步神速啊！

这就是自己想要学习，对自己学习负起责任来的效果。

孩子的事情，父母做得越多，孩子就做得越少；父母越主动，孩子就越被动。

把学习、生活等方面的责任和主动权还给孩子吧，从学习、生活中的每一件小事做起，让他们从小就明确自己的责任，担负起自己该担负的责任。

孩子有了责任心，有了明确的目标，体会到了自己的重要价值，自然会积极主动地去学习、生活和做事！

谁生气，谁负责

杭州出租屋，听听和笑笑同居一室。我和笑笑妈妈程老师因为孩子考试的关系，也难得有机会在这里共度春节。

笑笑今天早上对妈妈无端地发脾气，只是因为妈妈提醒她要去画室画画啦，她就冲妈妈发火，然后怒气冲冲地走了。这个小脾气甚至延续到中午，因为生气，笑笑连午饭都不吃。笑笑妈妈很无奈，一天之内忍受了孩子两次无名火之后，这位伟大的妈妈还是怕笑笑渴了，给笑笑送水杯到画室，怕笑笑饿了，小心翼翼哄笑笑去买面包吃。

笑笑在外人面前是个阳光开朗懂礼貌且善解人意的孩子，和老师同学都相处很好，我很喜欢她。程老师说笑笑平常也对妈妈很好，就是经常因为一点小事对妈妈乱发脾气。程老师常说很羡慕我和听听母女俩的亲昵互动，我知道她内心深处多么希望女儿能温暖相待。可是对于女儿的坏脾气，她真的很无奈。

程老师问我："对于笑笑的无名火，你说我该怎么办呢?"我说："我觉得你对女儿无原则地妥协退让甚至讨好其实于事无补，你其实更应该让她明白，她发火是谁的责任。"

程老师说："笑笑肯定会说是我的责任，因为我说错了话让她不舒服，其实我没觉得我说错了什么。"

我说："问题就在这里，你没觉得你说错或是做错了什么，但实际上你却承担了错误的责任，所以你妥协退让讨好。而她也觉得她生气的责任在你，因而更委屈，所以常常生气，生起气来很难停止，甚至扩大化。"

程老师说："是的，是这样的。那她发脾气的时候，我该如何与她沟通呢?"

我说："每个人都该为自己的情绪负责，谁生气，谁负责。你要告诉她，如果今天这件事让她不开心，你也不开心，你们都不想这样的事情再次发生，可是你都不清楚她为什么发脾气，所以无法保证下次不再犯。下次如何避免这样的事件发生呢?她如果做了些什么，今天这样的事情就不会发生呢?谁生气，谁负责。她要想下次这种不开心的事件不再发生，就必须对自己负起责任来。"

我继续举教室搬家的风波。上次教室搬家，笑笑脚受伤了，请求听听和其他同学帮她搬书，听听和同学们都觉得她的脚受伤没那么严重，况且每个人都要搬自己的书，就让笑笑自己搬。而实际上，笑笑那次腿伤非常严重，看着笑笑很坚强地硬挺着来上课，同学们都认为没有什么大碍，所以大家都不肯帮忙。那一次，笑笑深受伤害，关键的时刻好朋友的冷漠让她心寒，于是就不搭理听听和其他好朋友。听听来找我沟通的时候，是因为笑笑不搭理她，她很难受，也很生气，说自己又没做错什么，笑笑就不理他，语气中充满了抱怨。我对听听说："如果你感受不好，那你想想，你该对自己的感受负什么责任呢？或者说如果你做点什么，就可以令到这不愉快的事情不再发生呢？"记得听听当时愣了一下，然后说："我如果当时认真地问一下她腿伤的状况，可能就不会误以为她开玩笑想偷懒了。"我说："还有呢？""就算她开玩笑，我帮她搬一下书也无所谓，可我当时光顾着搬自己的书去了，我没有告诉她其实我第二天可以帮她搬的。""还有呢？""如果我当时和周围几个同学说一下，大家每人多搬几本，笑笑的书也就都搬走了。"我说："所以，你想，如果你用了上面你讲的方法中的任何一种，你今天就不会难过了。今天你难受，是因为你在意与笑笑的友情。每个人都必须对自己的情绪负责，谁生气，谁负责；谁难受，谁负责，今天你对自己的难受负起责任来，你看看现在你能做点什么，可以令自己更开心，令笑笑更开心呢？记住，你不是为笑笑，而是为你自己。"结果那天晚上，听听就写了一张道歉小卡片，第二天早上塞到笑笑的书里。那天下课后，笑笑又欢快地招呼听听一起回家了。

程老师听后若有所悟，说："戴老师，你说得太好了！就上次搬书那事，她很委屈，我劝解她，让她站在别人的角度思考问题，她说我只是帮别人，不帮她，用圣人的道德标准绑架她。我知道如果我和她一样说别人不好，她就更委屈。所以后来我都不知道该如何和她沟通啦。现在，我知道了，谁生气，谁负责，每个人都要对自己的情绪负责。今天，我要好好和她谈谈。"

谁生气，谁负责，每个人都应是自己情绪的主人，你可以吗？

贴着孩子心的放任，你敢吗

在杭州，与女儿同学的妈妈程老师谈到孩子的教育问题。她说在教育孩子的问题上，她很欣赏她的邻居。邻居教育孩子的方式和别人都不一样，她好像很放任很溺爱孩子，可是孩子还都教育得不错，现在已经大学三年级，健康活泼可爱，对未来的目标非常清晰，孩子妈妈说她女儿不见得会出类拔萃，但未来一定会幸福。

程老师到她家多次，都看到她女儿在打游戏，初三也是，高三也是，妈妈在旁边忙来忙去，似乎毫不在意。程老师问她："这个时候，你女儿还在玩游戏，你怎么不管呢？"她说："不用担心，她自己会管自己。"果然，不一会儿，孩子就离开电脑，去做作业了。据说孩子从来不补课，不做课外作业，比其他孩子过得都轻松，但成绩维持中上水平。程老师问："你这么放任孩子，孩子怎么还能这样自律自爱呢？如果我这么放任孩子，孩子还不知道变成什么样子呢！你的秘诀是什么？”

那位妈妈回答：“我虽然是放任，但和很多妈妈的放任不一样，我是贴着孩子心的放任。”

“什么叫作贴着孩子心的放任呢？”

她说：“我贴着孩子的心，理解太高的目标对她而言可能会压力太大，所以在考试结果上我都没有要求。当别人说要考一本的时候，我说二本就好；当女儿说二本都不见得考得上的时候，我说能考上大专也好；当女儿说大专也可能有问题的时候，我说做幼师也好；当她说做幼师自己唱歌跳舞不行的时候，我说做哪行都能生存下去，她只要开心就好。女儿觉得我对她太没要求了，指望通过我的监督提醒让她有所提升指望不上，只有自己努力做到最好。所以，我发现，我贴着她的心放任她，她通过自己努力创造的成果比自己预期的都要好。

“我贴着孩子的心，理解她内心独特的兴趣与追求，所以当她喜欢做烹饪，做小手工的时候，我都是鼎力支持。哪怕是临近考试，哪怕是在别人紧张学习的时刻，我都会配合她买各种材料，做各种小手工，和她一起享受蛋糕出炉的快乐，同时也享受着做完蛋糕之后，她责备我的快乐。因为每次小手工做完后，她都会立刻责备我说：‘哪有你这样的妈妈，我高三了，也不管管我的学习，还和我一起做蛋糕，太过分了。’然后愉快地投入到学习当中去了。其实我是理解在学习高压之下，她也需要放松。而用做自己喜欢的事情来放松心情，真的是一个很不错的选择。不但可以让自己紧张的心情立刻变得轻松起来，同时也可以享受自己的成果，这是一件再好不过的事情了……”

她还说：“我要贴着她的心其实不容易的，我得多花时间去理解她。所以整个中小学阶段，她上课下课我都风雨无阻地去接送，其实这不是她的需求，而是我的需求。不是因为我开车，安全方便，而是因为这样可以有我们母女俩每天固定的相处时间。我可以有机会多和她聊聊，了解她在想什么，学习压力大不大，同学相处状况怎么样。现在的中学生，他们的时间太宝贵了，上课补课做作业几乎占据全部的时间，要和她沟通还真很难找到时间。而上下课路上的时间真是再好不过了，又不耽搁事又很轻松。我很在意这段时间，因为只有了解她了，才可以真正贴着她的心，去顺应她的成长，帮助她的发展。”

这位妈妈对孩子的用心，令我很感动。贴着心的放任，这个词多好！这背后其实不是放任，是信任，是信任孩子自己向上向善发展的动力，信任孩子会对自己负责任，会朝着自己的梦想奔跑，会去努力追逐自己的未来。贴着心的放任，这背后还是支持、理解与无条件的爱，是告诉孩子，你的焦虑压力无助妈妈都懂，无论你怎样，能不能考上大学，能不能成就大事业，妈妈都同样爱你。无条件的信任与爱，这是孩子内心深处的安全岛。试想一个得到这样支持的孩子，可以多么勇敢地去往外探索，多么放肆地朝着自己的理想奔跑啊！

贴着孩子心的放任，你敢吗？

贴着心的放任，这背后是信任，是支持，是理解，是无条件的爱。

他偷看，跟我有什么关系？

一个亲戚的孩子，高中二年级，在期末考试中偷看，被老师抓住，从此变得非常叛逆，没法沟通，学习成绩也一落千丈。

他妈妈很苦恼也很纳闷，她不理解：高二的孩子智力足够健全，他也知道偷看的结果长久不了，他知道最后检验他的不只是这次考试，可为什么还要偷看呢？

我说："这可能和你有关吧。"她妈妈顿时非常生气地说："他偷看和我有什么关系？"

我说："你别着急，我们来问问吧。"

结果那孩子来咨询的时候，我问他为什么要偷看。

他说，想考好点，以前考十二名妈妈老是唠叨怎么没进前十名，所以这次想进前十名，让妈妈开心点，别那么唠叨了！

想要取悦追求完美的母亲，就是孩子偷看的内在动机。

其实这孩子不仅偷看动机与妈妈有关，而且叛逆行为也是妈妈直接导致的。

因为他本来期望可以通过偷看有更好的结果，可是没想到这么糟糕。

偷看被抓住这件事情已经令孩子感到很羞耻和沮丧。而生气的妈妈一再地在孩子面前气呼呼地说："我最讨厌不诚实的人，你太丢人了！"让孩子觉得这次事件不但让自己颜面扫地，也让妈妈讨厌他鄙视他。

孩子的自我评价很低，变得自卑，变得自我放弃，这就是后来她妈妈所说的叛逆了。

如果这位家长能明白，作弊和谎言一样，背后代表着愿望和恐惧。

如果这位母亲懂得，在和孩子沟通的时候，能首先理解孩子的情感需求。

如果这位母亲能告诉孩子："这次事情，我知道你不好受，妈妈同样也不好受。我希望你明白，无论是什么样的状况，妈妈都爱你，我们都希望这样的事情不会再发生。现在我们一起看看该怎么收拾这个残局好不好?"

当父母表现出这种宽容与理解，尊重孩子的感受，并且让孩子加入到处理这件事情的过程中来，作弊、撒谎和叛逆也许以后就不会发生了。

孩子的"叛逆"背后，也许是愿望和恐惧。这时候，孩子更需要的是父母的宽容和理解，而不是责骂和鄙视。

我真笨，什么都做不好

朋友小英有一对可爱的儿女，女儿8岁，儿子5岁，很让人羡慕。当我问她："两个孩子彼此相处怎样?"她说两个孩子倒是相亲相爱，相处和沟通都没有什么大问题，但他们俩个性差异非常大，姐姐非常乐观，遇到什么事情都自信满满，并且也可以做得更好。而弟弟是个典型的悲观主义者，遇到困难、碰到挑战总是退缩，并且常常把事情搞砸。

小英说作为专职妈妈，她已经很努力想要帮助弟弟乐观一点，自信一点，但总是不成功，小英很苦恼。

我问："你从哪些事情看出弟弟很悲观？举个例子说明一下吧。"

小英说："这样的例子真是数不胜数。就比如前不久发生的一件事。"

前不久，小英买来乐高玩具给孩子玩。起初，姐弟俩都喜欢这玩具。姐姐总是能搭得又快又好，而弟弟一开始也是感兴趣的，在姐姐没有完成之前，还能耐着性子做，但通常都会弄错几块，搭建的东西就有点怪。一旦姐姐完成了模型，弟弟没完成或是完成得很差，就觉得自己不行。而且反复几次之后，弟弟对这种玩具就失去了兴趣，根本不玩了。

小英说："其实每次弟弟搭建模型不好的时候，我都很耐心地鼓励他安慰他，可是不管用。你说到底怎么办呢？"

我问："那你是怎样安慰和鼓励的呢？能不能举例说明一下。"

小英说："就拿第一次玩乐高来说吧。姐姐很快就搭出了一个机器人模型，得意扬扬地举着要让这个机器人做家里的保姆，弟弟很想模仿姐姐，但速度赶不上姐姐，当姐姐完成之后，他的机器人没完成，拼得怪模怪样的，而且一动就散架。他于是把那些零件全推到一边，然后沮丧地看着那个玩具发呆。

"我走过去安慰他说：'宝贝，你的机器人也做得不错哦！'

"弟弟说：'妈妈你别哄我了。姐姐做得才好呢，我做得很差。你看这个机器人的脚这么难看。我好笨，我什么都做不好。'

"我对弟弟说：'妈妈喜欢你做的东西，机器人的脚变成这样好有创意的，真的也不错啊！'

"弟弟：'你骗人，我做得根本就不好。你看姐姐做得又快又好，还不会掉下来，我的却做成这样子。我讨厌乐高，我什么都做不好。'

"我说：'小傻瓜，你要记住，只要你打定主意，什么都能做好的。来，把机器人给妈妈，妈妈来帮帮你。妈妈会让这个机器人比姐姐的更好，成为最完美的机器人，而且是你的机器人哦。'

"弟弟说：'好吧！谢谢妈妈。反正我是做不成的。'"

小英说："你看好多事情上我都是这么鼓励他的，可是就是不管用哦。"

我说："从这件事情来看，你只是表达了你的爱，但并没有提升弟弟的自信心，反而会让弟弟越来越悲观哦。

"首先，你在撒谎，他做的确实不如姐姐好，可你还说喜欢，弟弟不相信你说的是真的，所以不会相信你那些激励的话。

"你应该认同他做得不好，并且告诉他姐姐这么大的时候，做得还不如你现在做得好呢！等你跟姐姐这般大的时候，你做的跟姐姐一样好甚至超过姐姐应该没问题的。这样让他感觉到这种失败只是暂时的。

"其次，你没有对他的悲观情绪的放大做出回应，当他说'我好笨，我什么都做不好'的时候，你没有反驳他。弟弟把没有做好机器人这件事情扩大化、灾难化，当他抱着这种信念的时候，会以消极、放弃、退缩及抱怨的方式来应对问题，以后可能会造成更多的挫折与失败。而你作为妈妈，这时应该反驳他，并提出相反的例证，如他上次参加学校航模比赛，都拿了三等奖，那比做机器人更难哦！这样，让他明白这种挫折只是生活中很小的一部分。

"再次，你接手做这件事情增加了他的无助感。因为当你接手做这件事情的时候，传递给弟弟的信息是'我不行就放弃，让别人来解救'。这不但不能建立他的信心，反而增加他的无助感。

"其实让弟弟感受失败并不是一件坏事，他可能暂时降低了自信，但同时也锻炼了他的心智。

"在这个时候，你其实更多的是站在理解的角度与他互动，理解他的受挫的心情，告诉他这很正常——可以说妈妈小时候做的一条小船，放到水里一下就散架了，但后来，妈妈不断地练习，同学们做的小船都不如妈妈做得好呢。这样让他明白以后努力是有希望的。”

其实，在孩子遭受挫折的时候，正是家长表达爱和引导他乐观积极应对问题的时刻，不要陷入帮他解决问题的陷阱中，而是要理解他的感受，引导他看到挫折和失败的暂时性、局部性，并且让他明白，通过努力，是可以看到希望的。这样，才能培养出乐观的孩子。

在孩子遭受挫折的时候，正是家长表达爱和引导他乐观积极应对问题的时刻。

生了二孩，毁了我

昨天去看望女友兰兰，40岁，刚生了一个男孩，二胎，大女儿已经15岁了。全家都在为新到来的生命忙里忙外，家庭洋溢着欢乐喜悦。

我对兰兰说："你终于儿女双全了，真让人嫉妒啊。"她却突然抱着我哭了起来。

我不知她受了什么委屈，轻拍着她的肩膀说："告诉我，谁欺负你了，我帮你收拾她。"

她哭得更厉害了，指着还在摇篮里的孩子说："就是他欺负我，他毁了我。我告诉你，我这辈子完了。"

我错愕地看着她，问："为什么这么说?"

她说："你看看我的身材，都变成什么样了?!"其实我进来就注意到了，兰兰已经臃肿得不行了。兰兰曾经是那么爱漂亮的女孩，为了保持好身材，基本不吃晚餐，现在这个样子，我估计她一定不敢照镜子。我安慰她说：

“身体会慢慢恢复原来的状态的。”兰兰绝望地摇摇头说：“我40岁了，以我现在的新陈代谢水平，谈何容易。”

接着，她又告诉我，她现在的身体状况非常糟糕，非常容易疲倦，常常浑身乏力，晚上经常整夜整夜地失眠，头发大把大把地掉。15年前她觉得生孩子是很轻松的事，但没想到现在生了孩子，身体变成这样，她快崩溃了！

更让她崩溃的是，自从怀了二孩后，15岁的女儿一直赌气，孩子从生下来到现在，女儿都不曾进房间看一眼。

她怀疑，就她现在这种模样，她那英俊的老公忍不了几天就要出轨了。

她预想，从此她将一辈子沦为一个蓬头垢面的家庭主妇，因为老公和公婆都对她说，家里不缺钱，要她今后不用工作，只要在家里带好儿子就好了。她说，即使她不想这么做，估计公司也不会要她了。她之前任一家外企的公关部经理，形象气质及工作能力一直以来得到众人的高度认可，现在的她，已经没脸回公司了，也不敢去找工作了。

她哭着捶打自己说：“我讨厌自己现在的样子，我真的都不想活了！”

这时，摇篮里的孩子哭了起来，我过去手忙脚乱地想要抱起他，兰兰对我说：“别管他，我恨死他了。”

她还说：“我付出这么大代价生下他，我又不懂教育，以后要是没教好，我活着也没意思。我说不生的，可是他们都要我生，他们倒是痛快了，可是我怎么办呢？他们把我的人生全毁了。”兰兰说着眼泪不停地往下流。

我知道，兰兰应该是有产后抑郁的征兆了。和她家人交流后，她家人说去咨询过医生，医生建议用药，但哺乳期又不能吃药。

我非常担心她，这种产后抑郁，部分源于生孩子激素水平下降的原因，更多来自于她所思考的那些状况。她的这些思虑又何尝不是一种现实呢？

如果这些状况无法改变，那她会抑郁多久呢?

我同时也担心这个孩子。妈妈在这种纠结痛苦中生下他，未来还必须为了他付出更多：身体，美貌，工作甚至家庭。承受着妈妈的这种压力，孩子会在什么样的氛围下长大呢？未来的他，将面临怎样的成长挑战呢?

二孩政策放开后，到处可见高龄产妇。我知道妈妈们在迎接新生命到来的时候，都做好了各种物理的生理的准备，可是有没有做好心理的准备呢?

增加一个孩子，不仅仅是经济的压力，教育的压力，对于妈妈而言，健康状况、身材容貌、家庭事业都可能为之发生巨大的改变。若没做好心理准备，对于妈妈们而言，可能不是幸福，而是灾难。

所以，如果要生二孩，希望妈妈们做好充分的心理准备。这是你自己的选择，不是为老公为家庭为孩子牺牲，而是为自己开启一段新的人生。因为只有自己快乐，才能快乐地拥抱孩子，拥抱新生活；才能坦然地面对失去，愉快地接受当下；才能把一切的到来都作为一种崭新的生命体验；才能不断地去迎接新的挑战，让自己的人生活出另一番精彩!

生二孩，你准备好了没?

只有自己快乐，才能快乐地拥抱孩子，拥抱新生活。

是女儿拯救了我

坐在我对面的这位郝总，娴熟地给我们泡着白茶，热情地给我们介绍这种茶叶的口感及特殊功效，脸上洋溢着温和亲切的笑容。她说，能帮助其他的女人、家庭或是社会的事，她很愿意参与，但追逐名利和金钱的事情，她就不需要了。她说她现在在做减法，要花更多的时间来修炼自己。

我们问她，一个在当地的黄金地段拥有茶室、酒店、宾馆、KTV 等 7000 平方米的产业的老总，拥有如此安静祥和、淡定从容的心态，是如何做到的？

她说："这些年我一直在学佛学，学传统文化，修炼自己。现在的我，除了生死之外没有大事。我之所以可以过得很从容，很快活，都是学习的结果。"

她说："你现在看到的我，和从前的我判若两人。以前的我，是非常有掌控力非常有个性的一个人。你想我一个女人，没有点个性，这么大的产业怎么搞得定？工作的时候，我的员工和下属都怕我，甚至那些黑社会的地痞流氓都畏我三分。就拿我的财务来说吧，往往一件小事做错了，就被我骂得狗血淋头，骂完了我还不解气，最后还不依不饶地让她去结算工资滚蛋。所以短短的几年更换了七个财务，最后这第七个其实脾气最坏，也常常把事情做砸，但还能留下来，越做越好。你知道为什么吗？那是因为我心态变了，我从传统文化中学到了‘诸事不顺，反求诸己’。所以我开始从自己身上找原因，开始明白自己的错误与不足，开始尝试放下自己与她沟通。我对她说，我们脾气都不好，我们一起慢慢成长。当我抱着这样的心态的时候，所碰到的一切困难和障碍，对我而言都是修炼与功课。我把自己做好了，一切自然好起来，所以这些都是佛学和传统文化教给我的。”

我问她：“那到底是什么动力令你开始学传统文化和佛学呢？”

她说：“一说到这事就非常痛心，其实这一切的发生都是从女儿的叛逆开始的。整个小学阶段，由于自己生意忙，便把女儿交给保姆和司机，疏于照料，结果女儿学习成绩非常差，在整个年级常常排倒数几名。也因此她总是被我打骂。老师常把我叫去学校，她在学校被老师骂过以后，回家又继续被我骂，所以特别怕我，母女之间完全没有正常的交流。我现在想来都非常痛心。”

她继续说：“你想哪个孩子不希望成绩好？我女儿也想要成绩好的，可是学不好，怎么办呢？女儿原本就是个单纯的女孩，还记得当年她考倒数第一名被我打的时候，她抽泣着对我说：‘我也不想考倒数第一名的，可是那个老是考倒数第一名的同学请假了，我也没办法啊！’

“对于孩子那个时候在学校碰到的困难和障碍，老师的鼓励、家长的关爱可能才是最重要的，可是我没有做到。女儿因为学习成绩不好，在学校被同学歧视，被老师骂，回到家又被打骂，这样的孩子不出问题才怪呢。那个时候的我，不但没有抚慰孩子受伤的心理，还继续伤害孩子，你说她做我的孩子多可怜？所以，初中的时候，孩子开始叛逆了，不愿意去学校上课，后来干脆辍学了。

“那个时候的我，你知道有多痛苦吗？事业做得再成功，也弥补不了孩子教育失败所带来的痛苦。我想了很多办法去拯救我的孩子，想要让她继续上学，都没有成功。走投无路之际，一个偶然的机会，我接触到传统文化，参加了培训之后，我才明白，其实女儿所有的问题都源自于我，你知道那一刻我有多痛心吗？我痛心的不只是女儿今天的状况，还有把女儿推向今天的状况的那只推手，居然是我。同时我也明白，从小到大，由于我不当的教育方式，给女儿带来了多大的伤害。

“所以我开始不断地学习，也带着女儿一起学习，并不断地改变自己。所幸的是，女儿虽然已经好几年辍学在家，心地依然纯净。当我哭着向她道歉过去对她的种种不是，向她忏悔的时候，她会给我擦干眼泪，并且说：‘那些都已经过去了，就算了吧。’

“我很感恩女儿的宽容，但我知道一切都没有过去。我必须更努力修行自己，我必须要找回那个自信快乐的女儿。

“在我努力自我修行的过程中，我惊奇地发现，周围的一切都变得越来越美好。生意越来越好，员工越来越亲近，女儿也越来越阳光……

“我无法想象如果我还是当年那个飞扬跋扈的样子，我的企业会怎样？我的家庭会变成怎样？我的女儿会变成怎样？

“感恩女儿，是她在教育我，警醒我。确切地说，是女儿拯救了我，是她让我知道我最终要什么，是她让我知道未来该怎么生活。未来我还要更努力地修缮自己，和女儿一起迈向更幸福的生活。”

梦想的咖啡屋

听听初中的时候，我们就常常聊我们的梦想。我说当我有钱有闲了，就在她选择工作的城市开个咖啡屋。这得到听听的大力支持。她说实在太好了，她也期望如此。其实这个梦想初期就是一个随便提起的想法，似乎遥不可及。

可是后来，为了激励她的学习，一有机会我就和她聊她的宫崎骏梦想，她接下来则和我聊我们的咖啡屋梦想，于是这个咖啡屋变得越来越丰满，越来越充满了诱惑。后来就变成了这个样子的：

那个梦想的咖啡屋开在一条弯弯曲曲的小路通往的树林深处，这样，走向咖啡屋的时候，数着花开花落，看着树叶从繁茂走向凋零，我们会拥有属于咖啡屋的春夏秋冬。

咖啡屋是树林中一幢撒满阳光的玻璃屋，有一棵粗大的树穿透屋顶，顽强地生长出来。树在玻璃屋顶外枝繁叶茂。阳光穿透树叶，咖啡屋内鹅卵石铺就的地面上，于是洒满了大大小小，深深浅浅的光斑。坐在这样的一个咖啡屋里，任由阳光洒满我们内心的每个角落，该是一件很美好的事情！

屋内那棵粗大的树，树干上，是一层层的书架，上面陈列着各种我喜爱的书籍。窗边，是一张张铺着绿格子桌布的长条桌，或是铺着绿格子桌布的小圆桌，桌上的咖啡正冒着热气。窗外，各种颜色的小花灿烂地盛开着。

听听说我退休后，就可以在这里看看书，开开心理沙龙，做做心理咨询，或者顺便卖卖她的画。而她在工作的间隙，会带她的朋友来这喝喝咖啡，聊聊艺术与人生，顺便看看我和她爸爸。至于他爸爸，则可以在钓鱼之后，打理一下种满花草的小院，然后想干啥干啥，反正有爸爸在，不用请保安了，因为爸爸够魁梧（她忘了她爸爸那时候已经退休了）。

听听希望，未来我和她爸爸，就是这样守望着她的生活，不为金钱所累，过我们想要的日子，挣钱的事就交给她了。

她说这是属于我们家的咖啡屋，我们甚至给它取好了名字，叫“听风林”，把她名字中的“听”，我名字中的“烽”，她爸爸名字中的“林”都放进去了。我们想象，坐在树林深处的咖啡屋里，喝着冒着热气的咖啡，听着森林里风吹动树叶的声音和咖啡屋轻柔的音乐，而我们的心灵仿佛与这天然的交响乐共舞。

……

没事的时候，我们常常这样肆意地创想着，想想都觉得美好。

甚至和女儿在街上，或是在书里看到什么很美的东西，很精致的物件，我们会说，以后这个东西放在我们的“听风林”应该不错。

不经意中，那个抽象的“咖啡屋”就变得如此丰富，似乎触手可及。

我想我们以后还会不断地去想象，去描绘我们梦想的咖啡屋，让它越来越鲜活，越来越生动，直到有一天，它真真实实地立在我们面前。

我相信这一天会来的。

听听孩子的梦想，并且，和孩子一起守护梦想。

沟通：

每一次温暖的沟通，都是一次与孩子共同成长的机会

爸妈懂我，该有多好

今天12+线下公益课，主题是“你若懂我，该有多好——知己知彼的沟通艺术”。我给家长们分享如何根据性格与孩子沟通。

家长中来了一位72岁的老爷爷，他现在带着一个孙子。孩子的父母离异，各自重组家庭，孩子由爷爷和奶奶带着。老人常常因为不懂孩子而不知所措，只能送孩子去寄宿学校。孩子很不适应，不适应没有手机，也不适应学校不好吃的伙食。爷爷说：“他不习惯学校伙食，我只能做到每天他要吃什么我和奶奶做好给他送去，其他我也不懂，不知道怎么帮他，很无助。”

想着爷爷这么大的年纪，还得为再次养育孩子来学习，很心疼。爷爷不容易，其实孩子更不容易。孩子那些看起来不懂事的要求只是他内心深处渴求爱的一种表达。父母无暇顾他，爷爷不能懂他，孩子只能通过一些看起来有些叛逆的行为来引发关注，来刷自己的存在感。

其实女儿听听刚从奶奶那边回到我们身边的时候，与我们的关系也是疏离冷漠甚至有些排斥的。这几年来之所以会有这么大的改变，变得温暖亲密，最根本的原因是我和爸爸懂她，我们努力尝试各种改变，于是我们看到她的改变。

因为懂她不喜欢在人前炫耀，内心深处只想做真实独特的自己，所以我们欣赏着她的真实独特，同时不要求她委屈自己，去迎合众人的感受。有人很好心地对她说：“你要像你妈妈学习，要多表现自己，多上台发言。”我却对她说：“你不必像妈妈这样，你做自己就好，你有许多妈妈不具备的才情与特质，做好你自己，人生会比妈妈过得精彩。”

因为懂她，我们不会拿她和别人比。我们知道她之所以用左手画画，她的画之所以细腻生动，她的创作之所以会那么有想象力，是因为她擅长使用的是主管感觉、创造力和想象力的右脑。我们就不强求她的逻辑分析判断推理能力有同样高的水平，因为那是左脑发达的特长，所以我们可以接受她的数学成绩差。我们鼓励她走艺考这条路，我们知道这是她喜欢的擅长的能给她带来乐趣的一条路。同时我们告诉她：“你的短板在数学是正常的，我们知道你无论如何努力，都无法达到那些天生左脑使用较多的人，但你稍微努力一点，在这上面提高一点，你就离你的梦想又走近一步。”

因为懂她是喜欢追求生活感觉和情趣的人，所以在紧张的中考或是现在高考备考期间，当她要买一些特别的调味品或是烘焙食材，在家里做蛋糕、烹饪时，我们不会责备她占用学习时间，而是用欣赏的态度，鼓励她用这种方式来减压。

因为她的快乐有人懂，她的无助有人明白，所以她在我们面前越来越绽放。她不需要把能量消耗在与我们的对抗上，她开始享受着与我们的温暖、亲昵与关怀，同时，也开始对我们回馈她的体贴、细腻与温情。当她开始表达的时候，我们发现，她对我们的爱比我们想象的要多得多。

因为感受到爱与被爱，感受到自己的力量，她要考中国美院的目标也越来越坚定，她对自己充满信心；她也开始努力尝试打破自己的模式，去探索如何学好数学的诀窍；她也开始尝试在合适的机会表达自己的主张；她也开始经常给我们的生活制造小惊喜……于是，她的学习成绩上去了，人变得漂亮了，她也变得更温暖了。

人对了，世界就对了。

我知道，她还是可能碰到挫折、失败，她也许今年高考不见得能得偿所愿，但无论怎样，我从不怀疑，终有一日，她必将灿烂盛开。我不着急，我懂得成长需要生根发芽的时间，我会静静守望在旁。

懂得孩子，理解孩子，相信孩子必将灿烂盛开。

就凭我是你爸

院子里，13 岁的小宇对爸爸缴掉他手机的行为充满愤怒，他挺直着小腰板，怒气冲冲地对他爸爸说："你凭什么缴我手机？凭什么你可以玩手机我不可以玩？凭什么我必须听你的？"

他爸爸毫不犹豫地说："凭什么？就凭我是你爸！"

"就凭我是你爸！"作为邻居，这句话我们实在听过太多次了。

上次，小宇爸爸强迫小宇把心爱的玩具送给同事的孩子，说的是这句话；逼迫小宇去补课，说的是这句话；盛怒之下揍小宇说的也是这句话。

每次，小宇和他爸爸发生冲突时，他爸爸都会把这句话拿来当"挡箭牌"，每次说这句话时都是那么骄傲，那么铿锵有力，那么理直气壮。

很想问问小宇爸爸，总是这么说，真的好吗？

也许对父亲而言，很好——用父亲的头衔，让孩子孝顺、听话、顺从，不允许孩子顶嘴，不允许孩子忤逆你的意志，满足了你的自尊，让你享受作为父亲的权威。

可是这么做，对孩子，真的好吗？

考虑过他的理解吗？“就凭我是你爸”，这句话简单粗暴，要求孩子不分青红皂白必须听你的，不给孩子争辩的机会，不让他通过“辩”来分清是非。孩子就是错了，也根本不明白错在哪里。也许这次孩子会听你的话，听从你的安排，但能担保下次同样的错误孩子不会再犯吗？

考虑过他的感受吗？用“就凭我是你爸”把自己的观点意志强加给孩子，他年纪小，他不敢反抗，没有力量反抗，只有顺从你，可是那些愤怒仍然会自然而然冒出来。虽此刻敢怒不敢言，不得不把情绪压抑下来，可是压抑久了，终有要爆发的时刻。随着孩子慢慢长大，自我意识增强，有一天，你会发现“就凭我是你爸”这话不管用了。你会发现不管对错，他都不听你的，你会觉得他处处存心与你作对，而这一切，只是那些久被压抑的愤怒爆发了。你难道不担心这种青春期叛逆吗？

考虑过他的独立与自信吗？用这样粗暴的方式掌控孩子，孩子感觉不到被重视，他不敢表达自己的意志，不敢伸张自己的权利，不敢走自己的路，活出真正的自己，长大后变得无法独立，没有自信，遇到事情唯唯诺诺，畏畏缩缩，这是你想要的结果吗？

我想，做父母的，当你愿意考虑儿女的理解、感受和性格的养成的时候，就不会把自己的意志简单地强加在孩子身上。父母应该允许孩子与你争辩，为孩子创造了一种宽松、平等的氛围。你要做的是循循善诱，以理服人。

父母并非总是正确的，不要用权威压制孩子，给他争辩的机会。孩子争输的时候，懂了道理；争赢的时候，长了信心。这样既让孩子有了估量自己能力的机会，也锻炼了他们的思考和意志力，这应该是做父母的喜欢看到的吧。

儿女不是你的附属品，不是你的财产，你爱他，就该让他活成自己的样子，而不是你要他活成的样子。

纪伯伦这首关于孩子的诗《你的儿女其实不是你的》，或许可以给我们很多启发。

你的儿女，其实不是你的儿女。

他们是生命对于自身渴望而诞生的孩子。

他们借助你来到这世界，却非因你而来，

他们在你身旁，却并不属于你。

你可以给予他们的是你的爱，却不是你的想法，

因为他们有自己的思想。

你可以庇护的是他们的身体，却不是他们的灵魂，

因为他们的灵魂属于明天，属于你做梦也无法到达的明天。

你可以拼尽全力，变得像他们一样，

却不要让他们变得和你一样，

因为生命不会后退，也不在过去停留。

你是弓，儿女是从你那里射出的箭。

弓箭手望着未来之路上的箭靶，

他用尽力气将你拉开，使他的箭射得又快又远。

怀着快乐的心情，在弓箭手的手中弯曲吧，

因为他爱一路飞翔的箭，也爱无比稳定的弓。

再哭 我就揍你

一位对孩子习惯使用暴力的父亲见到我说："我对自己说了很多次了，下次对孩子生气时不打孩子。可是总是忍不住，今天我又打他了。"

我问："孩子做了什么，让你如此生气?"

他说："孩子倒也没做什么大不了的错事，只是考试没考好，我就指责了他几句，他就哭了，我就更生气了，我最讨厌男孩子哭！我对他说：男子汉，哭什么哭? 不许哭，再哭我就揍你。可是他还是继续哭，我就揍他了。"

我发现，这位父亲在陈述这一切时，带着几分畅快。

我问他，上次打孩子是什么时候? 是因为什么原因?

他已经记不得是因为什么事生气了，只记得孩子哭了，叫他不要哭，他还是哭，于是他又忍不住打了孩子。他说："我最讨厌男孩子哭了，你说一个男孩子，应当遇到问题解决问题，哭有用吗？我每次对他说‘再哭我就揍你’，可是他总是继续哭，你说这能怪我吗？哎，也怪我，我也不知道为什么总是忍不住打人。”

这位父亲的心理是矛盾的。

我请他想象一下儿子被他打的时候的心态，他毫不犹豫地说：“愤怒，肯定愤怒啊！我小时候也常常因为哭，被爸爸打。当我被爸爸打的时候，我心里愤怒得不得了。那时候我不敢反抗，我知道自己打不赢他。我那个时候常常在心里对自己说，走着瞧，等我长大了，我也揍你！”

我继续问：“那你长大了，揍过你父亲没？”

他说：“老师，你别开玩笑了，那都是小时候不懂事的想法，长大了知道父亲当年也是为了我好，我怎么可能去揍父亲呢？”

我说：“你虽然没有揍父亲，但其实对父亲的愤怒还是在那里的，只是你经常用揍别人的方式发泄了，有没有发现你的儿子很无辜啊？”

这位父亲恍然大悟，说：“对对对，我每次对儿子说‘再哭我就揍你’，其实脑海里浮现的是我老爸对我说这话的样子，我老爸打我时的样子，我好像就是这样变得没有思维，控制不住打儿子的。”

或许很多父母都有类似的经历，你当年不喜欢你父母亲对待你的方式，今天却不知不觉地被你用在自己的孩子身上。其实是因为潜意识中压抑了很多情绪，压抑了很多年，需要找到宣泄的渠道。

家庭暴力之所以传承，是因为童年时某些痛苦的事件或愤怒的情绪藏在潜意识里，让我们沉溺其中，让我们不知不觉也成为这些痛苦事件的复制者，不由自主地任由这些事件控制当下的生活。

所以，别让过往经历影响你，遇到自己情绪激动的时候，多想想你对孩子做出如此行为的深层原因，认清自己过去经历里的自动化模式，停止对不幸事件的复制。

没有谁的童年完美无瑕，但即使经历最多痛苦的人也能和孩子建立一种良好的关系。改变就是从认识自己开始的，认识自己，才能教好孩子。

不要把当年不喜欢父母对待你的方式，再用于你的孩子身上。

对孩子发脾气好吗

12+公益群中，李女士在元旦的“即时贴”中说她对孩子发脾气了，起因是孩子桌子很乱，李女士屡次三番要求儿子收拾儿子都没有行动，在李女士下了最后通牒之后，仍未行动，结果李女士一气之下，把桌上的所有东西都推到了地上，然后给儿子写了一张纸条，这样写的：“熊李：2017年的第一天，妈妈就对你发了脾气，把你桌上堆成垃圾状的书籍纸张推到了地上。不要怪妈妈的粗暴，一个对自己一再放纵的男孩，是没有办法担当自己的未来的。一个对自己物品随意乱丢的男孩，是没有办法规划自己的未来的。妈妈希望你有梦想，有担当！路在脚下，但需要从当下开始，脚踏实地，而不是明日复明日。”

这个月我们要家长做的功课是每天写嘉许孩子的“即时贴”，但李女士晒出的“即时贴”似乎不符合作业的要求，但李女士在即时贴照片下补充了评论：青春期的孩子，需要赞许的同时，有时候也需要鞭挞和指引。

有人问我，李女士这样对孩子发脾气对吗？李女士自己也问我，你觉得这么做是否合适？

其实李女士要求孩子收拾好自己的桌子的过程，是一个家长在家中建立规则并引导孩子遵守规则的过程。这种引导，通常有四种模式。

惩罚式。这是一种坚定但不友好的方式，采用这种方式的家长们，通常扮演法官的角色，他们调查不守规则的行为，决定是否有错并执行惩罚。如李女士要求儿子收拾房间，屡次三番都没得到支持，李女士一怒之下把桌上的东西扫到地下。这就是用惩罚性的方式来教导孩子规则。这种方式，顺从的孩子通常因为害怕和恐惧选择配合，个性强的孩子通常会抗议并进行反击，而大多数孩子都会生气、憎恨，并感受到这种方式的伤害或羞辱。

宽容式。这是一种很友好但不够坚定的方式，是建立在自由平等民主的基础上的一种富于人性关怀的方法。如果李女士对儿子提出收拾好自己桌子的要求，儿子就是不收拾，李女士持续提醒、警告，但还是不见效，最后李女士儿子仍然无法改变儿子，只好随他，不了了之。这种方法很任性很友善，但立场不坚定。最后规则很难执行下去。

混合式。这是惩罚式和宽容式的混合，这种方式最突出的特征是前后不一致，它混合了两种方式中最糟糕的成分，容易引发家长和孩子们的过激反应。如在上例中，可能表现为李女士开始对于儿子的行为一再温和提醒，希望他整理好自己的桌子和屋子，用的是人性化的宽容策略，但当她疲惫不堪，就会开始使用惩罚的策略；或者李女士一开始就使用惩罚策略，但当遇到孩子的抱怨或抵抗，又变得宽容以待，这都属于混合式策略。这种策略的使用容易让孩子失去方向，或者抱有侥幸心理，也影响规则的执行。

民主式。这是一种友好且坚定的方式，它在告知你必须达到目标的同时，允许你自己选择合适的方法。如前例中，李女士对儿子用就事论事的方式去谈桌子乱的坏处，并告知儿子自己不希望桌子这么乱，问儿子，你什么时候才可以收拾好桌子？把选择权交给儿子，并同时指出，如果在确定的时间内不能收拾好桌子，桌上的东西只能待在地上啦。这就是一种民主式的引导方式，孩子会更愿意接受这种模式。在接受引导的同时，孩子感受到了信任和责任，同时也学会了温和友善的解决问题的方式。

以上四种引导孩子接受规则的方式，哪种最好呢？显然是第四种。这是因为引导孩子接受规则的过程，有两个要素，一个是规则，一个是心情。惩罚式的引导，让孩子接受了规则，但影响了心情，容易引发冲突和矛盾；宽容式让孩子心情好，但规则很难执行；混合式引导，让孩子无所适从，最后心情也不好，规则也没执行下去；而民主式引导，让孩子既学会了遵守规则，同时也学会了责任与担当，是一种最好的模式。

那前例中李女士与儿子的互动属于哪种呢？表面上看来是属于惩罚式的，但我后来与李女士沟通后得知，其实她在儿子的互动过程中还是相对民主的，她不是在儿子没收拾桌子的时候立刻把桌上的东西扫到地上，而是给了一个明确的时间界限，告诉儿子如果那个时候桌子没收拾好，就采取行动，给了孩子选择权。结果就是在时间节点到了，孩子没有收拾，李女士果断地采取行动了。态度温和，行为坚定。

李女士用这种方式来教导孩子遵守规则，结果如何呢？第二天，我们看到李女士又晒出了嘉许孩子的“即时贴”，上面是这么写的：熊李，从昨天晚上到今天一天你表现都很棒。昨天，妈妈发了脾气，晚上和你爸爸去看电影了，你一个人在家。我们回家发现你不仅完成了承诺的学习，把房间也整理得干净整洁。今天一天也较以往更高效地完成作业，练习排球，按时休息。这说明一点，你能管理好自己，会越来越自主、自立、自强！今天的你，妈妈为你骄傲！

李女士晒出嘉许孩子的“即时贴”之后，我问她，儿子在做了这一切之后，心情如何？李女士表示，儿子心情还不错。在这个过程中，我们可以看到，李女士不仅把规则执行下去，不仅制止了不良行为，而且没有争吵，没有影响亲子关系，这是我们期待看到的结果。

你设想一下，在碰到李女士这样的问题的时候，你会发脾气吗？如果你对以前你和孩子沟通规则的结果不满意，请试试这种民主式的沟通方法，一定会有意想不到的收获！

民主式引导，让孩子既学会遵守规则，也学会责任与担当，是一种很好的与孩子沟通规则的模式。

新年，送一份礼物给孩子——不再唠叨

新年第一天，好些个学生用微信、电话向我祝福新年。我顺便做了个小调查，问这些学生最希望爸妈送的新年礼物是什么。学生们给了各种各样的回答：有物质的礼物，如 iphone7、电脑、新衣服等；也有精神类的，如旅游、动漫展或是演唱会门票。其中有个孩子提到希望爸妈送他的礼物是：不要唠叨了。

说这话的是亲戚家初三的孩子豆豆，成绩一直不错。当我问他："听起来你很厌烦你爸妈唠叨的样子，他们总是唠叨些什么呢？"

豆豆说："那还有什么？不就是要好好学习，要养成好的习惯，不要老玩手机，不能偷偷上网……反正只要看到我在做学习以外的事情，他们就开始唠叨了。"

我继续问："他们唠叨时，说得最多的一句话是什么？"

豆豆说："他们说得最多的一句话是，我这样做是为你好！好像为了让我好，杀了我都可以。我真的很烦啊，我真的期待他们不要用这种唠叨来对我好。我已经受不了了，如果还是这样，我说不定哪天会离家出走……"

我继续问豆豆："听起来爸妈的唠叨好像真的很困扰你。唠叨的话题其实都是关于你的温饱、安全和学习，爸妈的这种提醒，有没有对你有帮助呢?"

豆豆说："要是说一两次还可以，可是唠叨多了，心都受伤了，哪来什么帮助，只会让人觉得很烦很烦很烦，烦得想逃跑。我曾经想住校，不和爸妈住在一起，他们不同意。我想用离家出走的方式来逃避，但又胆小不太敢。我烦透了，就想跟他们对着干，他们叫我做什么，我偏不做什么，他们不让我做什么，我偏要做什么。"

我不知道豆豆的爸妈听了孩子的这段话会做何感想，我猜想他们在和孩子沟通时一定碰到很多障碍与困扰。很多父母咨询我类似的困扰，都是从孩子身上找问题，可是这些问题背后，其实都折射出父母亲的问题。就像唠叨，唠叨的背后，是家长对孩子的不尊重，不信任，不让孩子自己负责任等。

不尊重是指不尊重孩子的感受，家长们一味地强调事情该怎么做而忽略孩子的感受。其实他们也可以感受到孩子的厌烦，但常常认为孩子的感觉不重要，孩子好才最重要，所以才会用"我这样做是为你好"来为自己解释。我们可以理解父母的这份唠叨，但当父母不尊重孩子的感受时，唠叨再多也是无效的，只是徒增厌烦罢了。

不信任是指父母之所以唠叨，是怕孩子走错、做偏或是懈怠，是不相信孩子自己有向上向善的动力，不相信孩子能够自我负责，自我担当。其实每个孩子对自己都是有要求的，但你要求得太多，他就无暇对自己有要求，所有的时间和精力都用来对付你的要求。如果你对他的要求和他的自我要求是一样的，也会让他觉得他是为家长而做，而不是为自己而做，动力自然降低。好多学生认为自己是在为父母学习，主要原因就在于父母唠叨得太多，管得太多了。

孩子青春期的叛逆常常是从父母的唠叨开始的。为什么叛逆呢？因为青春期，他觉得自己长大了，开始找自己掌控的感觉，开始展示自己的力量，所以很多时候，你越唠叨，他越不按照你说的做，就是要你认识到，他已经开始变成独立的个体了，他在追求存在感。有些家长只是看到孩子的问题，却没看到孩子在这些异常行为背后的需求——就是要让你看见，让你感受到他的存在，让你知道他是一个独立的人，有独立的思想、独立的行为，不是你让他干啥他就干啥的。当你越控制他的时候，越唠叨的时候，他叛逆的倾向就越强烈，因为在这种抗争中他感受到自己的存在。而相反，当你尊重孩子，鼓励支持他去探索，去做自己想做的事情，他会开始变得独立，开始自己探索令自己发展更好的方法。他会开始主动向你求教，会更尊重你，这时候的你不用唠叨，只要说一句，他就听进心里去了。

所以，把不唠叨作为新年礼物送给你的孩子吧！

唠叨的背后，是父母对孩子的不尊重，不信任；唠叨，也常常导致孩子青春期的叛逆。

唠叨是一种魔咒

在一项调查中，一个学生说："我妈简直就是一怨妇，整天埋怨、指责、唠叨，好像就没有一件让她顺心的事情。本来好好的心情，每天都被她的唠叨破坏了。现在我一听到她唠叨就有发疯的感觉，我真的受不了，我快要崩溃了。"刚一说完，另一学生马上说："父母说多了，自己会产生逆反情绪。每次只要一听到妈妈的唠叨，我就把自己的门锁住，再在耳朵里塞上小纸团……"这份调查显示，孩子最反感父母行为的排行榜，名列第一的就是唠叨。

作为家长，我也唠叨过，我深深理解，家长们的唠叨背后是期望，是担心，是爱，是怕孩子走错了路，怕孩子不吸取教训，怕孩子不懂得照顾自己，怕孩子未来无法过上他们想要的生活。就像12 + 公益群中家长所说：我们想把我们的期望，我们对未来美好生活的理解强加给他们。

但唠叨的结果却往往适得其反。父母用唠叨给孩子们的，不是美好，而是魔咒。

唠叨常常会提醒人们去铭记那些生活中不愉快的事情。曾经有个女孩，12 岁被人强暴，因为年纪小，她很快就忘了这事。可是父母因为这件事情，总是没完没了地唠叨。她晚上出去时，父母会提醒她，千万别太晚回家，小心被人强暴；她穿得漂亮时，父母又提醒她，打扮这么好看，小心被坏人盯上；她跟男性朋友聊得开心时，父母提醒她，不要表现得轻浮，小心被人非礼……女孩说她很想自杀，因为坏人只强暴了她一次，而父母却打着关心她的名义，“强暴”了她无数次。

而且，唠叨这种魔咒的力量还常常非常强大，你越唠叨什么，却会发生什么，于是你就唠叨得更多，生活因此变成恶性循环……有位朋友婚姻生活非常不幸，丈夫外遇，离异后自己带着女儿生活。因自己婚姻的不幸，这位朋友怕女儿未来不幸福，所以天天唠叨，提醒女儿不要早恋，要和男孩保持距离。可是女儿恰恰早恋了。女孩对我的解释是：“本来我从没想过谈恋爱，可是妈妈每天唠叨，叫我不要早恋，就像是在提醒我，我是可以恋爱的。再加上她整天唠唠叨叨，我没法与她正常交流，现在有个男孩陪着我，我觉得挺好的。”

心理世界的逻辑很奇特，就像罗森塔尔效应所揭示的，你相信什么，就会令到什么结果发生。如果你的情绪专注在正念上，它就会带你走向正向的结果；同时，你担心什么，也会令到什么结果发生，如果你的情绪专注在负面上，就会把更多负面事物带进生命。

你对孩子的唠叨，常常关注在负面的经历和负面的结果，常常代表着不信任。唠叨他的学业，是不相信他有足够的自控能力；唠叨他没有添加衣物，是不相信他自己能体会冷暖；唠叨他要怎样交友，是不相信他的鉴别能力……唠叨是一种负面的暗示，是魔咒，事情往往会真的变得糟糕。

与其整天担心孩子，不如相信他，相信他有能力过得很好。真正的祝福，就是坚信每个人都有能力走好人生之路。

人生是一场心理游戏，你是自己的导演，你怎么想，故事就会按你想的方向发展。

父母用唠叨给孩子们的，不是美好，而是魔咒。

老师告状怎么办

昨天的 12 + 公益群里，有家长晒出孩子挨批和老师告状的截图。老师告诉家长说他孩子卫生习惯不好，上课的时候弄得到处是鼻涕，“吓死人”；还说孩子吃饭的时候直接拿自己的碗去汤桶里舀汤，同学们都到校长那里去告状，老师多次劝说，“没想到他竟然不听，还是老样子”。这个家长对这位频繁告状的老师表示反感，也得到一些家长的附和。

我能理解这位老师，他本着负责任的心态与家长沟通，希望能得到家长的支持和配合，共同做好学生的工作，本应受到家长的尊重与感谢，可家长不领情。同时我更能理解这位家长，我如果是她，我也会反感，因为老师的沟通方式让家长非常不舒服。

首先，沟通内容太冷，不够温暖。孩子卫生习惯不好是问题，但这个孩子应该有很多其他的优点，这位据说是频繁告状的老师每次都谈孩子的缺点，让家长心里不舒服。其次，老师的语气中没有爱，只有嫌恶。老师告状，其实是花专门的时间来和家长沟通，为孩子付出更多的心力，这是爱孩子的表现。可是老师的话语中，“吓死人”，“没想到他竟然不听，还是老样子”这样的一些用词，让人明显感受到这位老师对孩子的嫌恶，这也让家长心里不舒服。

我如果是这位老师，我想我会用更温暖的方式与家长沟通。我会说：“XX 家长，很抱歉打扰您。您儿子是一个很棒的孩子，他在很多方面都表现非常突出，例如……（列举孩子的一些优点），我非常喜欢他。可是最近发生了一些事情让我非常困扰。这孩子上课的时候没带纸，鼻涕弄到桌子和椅子上，还有吃饭的时候用自己的碗到汤桶中舀汤，同学们到校长那里告状了。我担心这样下去其他同学会不喜欢他，也影响到他未来的人际关系。我已经和他沟通过了，可能我不是太了解您的孩子，效果不是太理想，所以想和您沟通一下，看能不能和家长一起配合，让孩子养成更好的卫生习惯。您的孩子是一个这么优秀的孩子，我想我们配合一下，让孩子改掉这个小毛病，未来的发展一定会更棒的，您说呢?”在这里，老师谈孩子的问题时，只是讲事实，不带入“吓死人”等负面情感，而是从关爱孩子的角度出发，表达更多的正面情感，如优点多，我很喜欢他，只是有点担忧他的这个习惯影响他的人际关系，并且表达了对孩子未来的信心。我想老师如果能用这种方式与家长沟通，一定会令家长感受不一样。

不知道老师告状后，这位家长会如何与孩子沟通此事。我希望这位家长和孩子沟通此事时，是温暖有爱的。如果我是这位家长，我想我会用如下方式与孩子沟通。

首先是嘉许孩子表现优秀之处。指出孩子最近一段时间表现较好的地方，尤其是与问题模式相左的例证，表示嘉许。如能保持衣服的干净，能把书包或书桌收拾干净等一些相对好的卫生习惯，然后评价他其实是一个注重卫生习惯的人。

其次是提出问题事件，询问他的感受。说：“这两天，老师打了电话给我，说到两件事……”然后问他听到别人说他卫生习惯不好，别的同学排斥他的感受如何。他一定表示感受不好。

再次是对他的感受表示理解，并一起探讨解决模式。说“我理解你的感受，我如果是你，我也觉得不舒服，别人这样说我的儿子，我也心里不舒服，我儿子这么棒，我们都希望别人不要这么评价你，那我们一起来讨论一下，以后怎样做，不让别人在背后这么议论我们。”在这里，不是责骂儿子，而是站在儿子的角度去思考，让儿子一起探讨问题的解决方案，然后从探讨的解决模式中挑出一些方法，确定如何执行，确定你作为家长，可以怎样帮他。方案是他自己参与讨论的，他一定更愿意执行。

最后是表达对问题模式改变的信心和对未来的期许。说“我儿子是个很有智慧的孩子，只要你愿意，没有做不到的事情。这个小问题，相信我们一起努力，很快就能改变老师和同学们对你的评价和印象，你未来的人际关系一定会越来越好！”

当然，这只是我的个人建议，不一定适合那位家长。但我想具体方法不见得适合，隐藏在方法之后的理念一定是适合的。这理念就是：不是用责备惩罚的方式去与孩子沟通，而是站在尊重孩子感受的立场，用赞赏的方式推动孩子与我们合作，并鼓励孩子自己参与到解决问题中来。这种沟通一定是温暖有效的。

无论是我们还是孩子，在成长的过程中，犯错总是在所难免，但每一次温暖的沟通，都是一次与孩子共同成长的机会。

妈妈，化学老师歧视我

有一期12+线下课程，我做的公益讲座的主题是“如何与孩子温暖沟通”。一位焦虑的妈妈在课程中提出问题，说女儿在学校受到老师歧视，因此不愿意学化学了。我于是组织大家做了一番探讨：当孩子提出这种问题，我们如何与孩子沟通。我挑选了两位家长，一位做女儿，一位做妈妈，进行角色扮演。她们进行了一场精彩的对话，我稍作加工整理，就是下面这样的。

女儿：妈妈，我不想学化学了。

妈妈：听起来你很不开心，发生什么事了？

女儿：我觉得化学老师因为我化学成绩不好歧视我。

妈妈：哦，被老师歧视真的很不舒服。发生什么事让你觉得老师歧视你呢？

女儿：我和玲玲是好朋友，玲玲化学成绩比较好，我们在一起的时候，老师常常叫她到办公室谈很久，让我就在外面等着，老师完全不顾我的感受。

妈妈：你和玲玲是同班同学，化学老师是你们共同的老师，你们在一起的时候，老师只是叫她去办公室谈，让你在外面等着，真让人心里不舒服，怪不得你觉得不高兴，觉得老师歧视你。换了妈妈，也会这样想的。

女儿：真的，妈妈你也这么认为？

妈妈：是的，这对你的确不公平啊，让你不舒服啊。不过，老师也许只是喜欢叫玲玲到办公室，不一定代表歧视你，有没有可能有其他原因呢？

女儿：有可能是玲玲问了老师更多的问题，老师叫她去帮她解答问题。

妈妈：嗯，很好，还有呢？

女儿：也有可能是老师喜欢玲玲的性格，因为玲玲真的很活泼，喜欢跟别人说话，和每个人都谈得来。

妈妈：嗯，很好，还有呢？

女儿：也有可能是我自己化学成绩不好，敏感而已。

妈妈：嗯，很好，宝贝，我听到了关于化学老师只邀请玲玲去办公室沟通，没有邀请你，你的解释有三种：一种第可能是玲玲问了问题，老师叫她去帮她解答问题；第二种是玲玲比较活泼可爱，老师更喜欢跟她说话；第三种可能是因为你的化学成绩不太好，你自己比较敏感。那你觉得，如果是这些原因，老师这么做可以理解吗？

女儿：可以理解。即使他只是喜欢玲玲多一点，我也可以理解，老师喜欢这个学生多一点，喜欢那个学生少一点，这太正常了。

妈妈：很高兴你能这么全面地理解问题。那你还觉得化学老师歧视你吗？

女儿：这么想，化学老师好像不是真的歧视我，我心里好受多了。

妈妈：你能这么想，就太好了！其实妈妈遇到这种事的时候，首先的想法一定和你一样，我会说我再也不学化学了！

女儿：我就是这么想的，妈妈你小时候真的也会这么想呀？

妈妈：当然是真的。人遇到不公平的待遇，对不公平待遇的制造者，总要反抗的。但是因为他是老师，所以你觉得不能和他吵，于是你就想用不学化学来反抗，妈妈说得对吗？

女儿：对！

妈妈：我很高兴看到其实你还是很懂得尊重老师的。那如果真的是如你所说，化学老师就是歧视你，那关于学化学，你是怎么想的呢？

女儿：学当然要学，学习是我自己的事情，又不是化学老师的事情。我当然要学。

妈妈：妈妈很高兴看到你对自己，对学习负责任的态度。那你会怎么对待化学老师呢？

女儿：关于这个问题，妈妈你有什么建议呢？

妈妈：好，那么妈妈给你两个建议。一个办法就是有机会和化学老师聊聊这件事，让老师知道这件事带给你的感受，老师了解到这件事带给你的不舒服，可能就会调整他的行为方式。勇于面对问题叫勇敢，这是一种不错的品德，你可以去尝试一下。还有一个办法就是你就让事情这么过去，心里也不再去想它了。原谅别人的无心过错，宽容和乐观，也是很好的美德。你可以考虑一下，自己作出决定。

女儿：好的，妈妈。

妈妈：那现在要不要和妈妈讨论一下我们接下来如何学习化学呢？

女儿：好的，妈妈。

这是课堂上提出的一个真实的沟通问题，我们大家通过讨论，运用角色扮演的方法做了一次成功的沟通。练习结束后，大家都发现，当我们了解沟通技巧，当我们懂得先沟通心情，再沟通事情，当我们懂得将当事人本身作为最好的问题解决者，也许一切都不是问题。

先沟通心情，再沟通事情，掌握了这个沟通技巧，与孩子的沟通就不是问题。

你凭什么歧视我的孩子

在12+公益家长课堂线下沙龙，我们提出一个问题，作为家长，当孩子被老师歧视的时候，家长该如何与老师沟通。大家通过角色扮演，演绎总结了一下可能发生的典型沟通方式，大体上可能有两种情形，一种是兴师问罪型，一种是问候请教型。我总结整理了一下，可能是这样的。

[兴师问罪型]

家长：哪位是张老师？

老师：我是，有事吗？

家长：我是莹莹妈妈，我可以进来和你谈谈吗？

老师：欢迎！请坐到这儿吧。（微笑着用手势示意家长坐下）

家长：很忙是吗？

老师：（一边给家长倒茶）还可以，有什么话您尽管说好了。

家长：（责问）老师，我想问你，作为老师，对每个孩子是不是该一视同仁，不能厚此薄彼？

老师：是的。

家长：那你怎么就对我家莹莹和她的同桌玲玲不一样呢？她告诉我，她们在一起的时候，你经常叫玲玲到办公室去讨论化学，把我女儿晾在一边。这让孩子觉得是歧视她，她心里特别不好受，你知道吗？

老师：那是因为玲玲爱问问题，我经常叫她去办公室，是为了帮她解决问题。而你女儿，从来不问问题，别人问的问题，她根本不感兴趣，或者根本听不懂，因为她们之间有水平的差异，我叫她来聊别人的问题，对她根本没有帮助，还耽搁时间，你觉得有必要吗？

家长：怎么没有必要？你知不知道因为这事，她特别难受，回家和我谈起这件事情的时候还哭了。她说她不想学化学了。作为教育工作者，你难道不知道这样做会给孩子带来心理阴影吗？（情绪有些激动）

老师：我体谅孩子的兴趣与基础，我尊重孩子的意愿，有什么错？（语气加重）

家长：你让孩子难受到想要放弃学习，你这怎么叫尊重孩子的意愿？（站了起来）

老师：莹莹在家的情况你可以向我反映，完全用不着用这种态度呀？

家长：你这样的态度就好了吗？什么老师?！我这就去找校长，如果可以，莹莹最好换个班级。（气冲冲地走出教师办公室）

［问候请教型］

家长：老师，您好，我是莹莹的妈妈，我可以进来和您谈谈吗？

老师：欢迎！请坐到这儿吧。（微笑着用手势示意家长坐下）

家长：你们老师真是辛苦，每天要上课，还要批改那么多作业，真是不简单啊！

老师：（一边给家长倒茶）是呀。毕业班的孩子，青春期，学习压力大，心理波动大，不好教，而家长的期望值又那么高，我们的压力真是不小！

家长：（接过茶杯）谢谢！是啊，青春期的孩子，学习压力大，想法多，又敏感，的确给老师带来压力。

老师：是的。有时候我们都不知道该怎么教了。（摇头，很无奈的样子）哦，我忘了，你是不是有什么话要对我讲？（笑）

家长：（微笑着）是的。我家莹莹最近回家特别郁闷，她说她的化学学不好，不想学化学了。我有些担心。今天正好从这里路过，所以来请教一下。

老师：哦？莹莹为什么不想学化学了呢？家长有没有沟通一下呢？

家长：我和她沟通过了。她说因为她成绩不好，感觉您不太喜欢她，所以就不太想学化学了。

老师：怎么会？你家莹莹性格挺好的，笑起来还有两个小酒窝，很可爱的样子，我挺喜欢的，不过成绩确实有待提高。哎，莹莹为什么觉得我不喜欢她呢？

家长：谢谢您对莹莹关注那么多。莹莹说您经常叫她的同桌玲玲去办公室讨论问题，从来没叫她，她感觉您是不喜欢她，心里不好受。莹莹是个敏感的孩子，我猜她特别喜欢您，所以特别在意您，才会这么想。您说呢？

老师：哦，这样啊！莹莹确实有些敏感。我经常叫玲玲去办公室讨论问题，是因为玲玲总是问很多问题，我课间顾不上解决，只好在下课后叫她到我办公室讨论。不过我真没想到莹莹会这么想，是我大意了，常常是她们在一起的时候，我叫玲玲到办公室解答问题，所以让她误会了。是我没考虑周全，青春期的孩子是多疑敏感的，我能理解莹莹。对不起，莹莹妈妈。明天我和莹莹沟通一下，让她放下包袱。您别担心了。

家长：真的太感谢您了！孩子在她的成长阶段，碰到您这么善解人意，又这么负责任的老师真是幸运。再次感谢您！

这个案例中，莹莹妈妈找老师谈的目的，不过是希望老师能多关注莹莹，关注莹莹的感受，点燃莹莹对学习化学的信心。我们从这两段对话中可以看出，不同的交谈方式，沟通效果截然不同。前者非但达不到沟通的目的，双方的心情也变得十分恶劣。而后者顺利地达到了沟通的目的，双方心情也很愉悦。区别在于例一中的家长盛气凌人，试图用操控、责怪、嘲讽的方式达到沟通目的，而忽略了老师的感受，让老师心理感受不舒服，所以最终出现了难以控制的局面。而例二中的家长一直以理解共情的方式与老师沟通，坚持一种平和、诚恳的态度，最后顺利地把老师引导到解决问题的层面。

同样的事情，用不同的沟通方式，效果截然不同。它告诉我们：沟通要从“心”开始，先处理心情，再处理事情。

好的沟通，需要两个要素：理解共情的方式，平和诚恳的态度。

妈妈不能说话了，亲子关系变好了

这几天听到的最棒的一个故事，是一位高中一年级孩子的妈妈王女士的分享。

王女士说她自己脾气特别暴躁，儿子脾气也不好，母子俩经常吵架。自己每次想用吵架的方式教育儿子，但最后发现，儿子非但不听她的话，还故意和她对着干，导致这位母亲常常很崩溃，亲子关系特别糟糕。但这事，在最近一段时间发生了神奇的变化。

王女士由于声带小结，刚做了手术，一段时间内不能说话，所以她只好和家人用手写的形式再加上肢体语言沟通。因为写字也非常不方便，所以她多用肢体语言沟通。

但她发现，不能说话的这个月，儿子突然变得愿意和她说话，亲子关系也变得特别好。这件事带给她的体会是，孩子的心声是听出来的，听真的比说更重要。

王女士举例说，有一天儿子回家，一进门就嚷嚷：“妈妈，我不想上学了！”要是以前，她肯定立马大声训斥孩子：“那怎么行！我告诉你，如果你敢不去上学，就别进我家门！”战争肯定很快就爆发了。

但这回，由于不能说话，她就只是好好地听着。

接下来儿子解释为什么不想去上学的理由，说：“妈妈，我同学太讨厌了，我只是在上课时忍不住放了个屁，谁没有这个时候呢，可是我的同桌，不但不替我隐瞒，还大声告诉全班的人，结果全班人都笑话我，让我特别难堪，真是气死我了！”

此时，王女士走到儿子身边，轻轻地抚摸着儿子的头，认真地听儿子说话，用理解的眼神看着儿子。儿子发完牢骚，沉默了几分钟，居然对王女士说：“妈妈别担心我了，我不会真的不去上学的，刚才只是太生气了，现在已经没事了。我去做作业了哈……”

从儿子释然的表情上，王女士明白到，儿子在这个时候并不需要妈妈的教训和忠告，他受了委屈，只是需要有个人倾听他说话，说完了，他情绪发泄完了，可能就舒服啦。

接下来的一段日子，她还是不能说话，她继续用更努力更用心的方式来听儿子说话，她发现儿子越来越喜欢与她说话，越来越体贴她。

她现在已经能说话了，但和儿子的沟通状态变得非常好，因为她已经认识到了，和孩子的沟通，听比说更重要，孩子的心声是听出来的。她还说，真的很感谢那场病。

其实孩子在成长的过程中，总是有这样或是那样的烦恼，最亲近的妈妈常常被作为首选的倾诉对象。可是许多妈妈是没有耐心听的，常常不等孩子把话讲完，就粗暴地打断，开始进行自以为是的教育。

当妈妈不愿倾听的时候，不但挫伤了孩子的积极性，同时也让妈妈失去了更多了解孩子的机会。孩子慢慢长大，在家长们面前变得越来越沉默，当家长试图想要把自己的意志粗暴地加在他的身上，他就爆发了。

而当你愿意倾听的时候，许多问题其实不用你多费心力，自然而然地就解决了。

我女儿在和同学相处中碰到一些问题，常常来找我诉说，我每次总是很用心地听，在听的过程中，我会用点头、微笑、反复询问的方式来做回应，鼓励她继续讲下去，并努力推动她去思考。我说得最多的话是：这件事你想要的结果是什么？你觉得怎么做才能达成这个结果呢？

当事情最后找到了解决方法的时候，女儿常常会夸奖我说："还是妈妈厉害，不是你的建议，这问题我自己无法解决！"

其实很多时候，我根本没做任何建议，所有的方法都是她自己想出来的，所有的问题都是她自己解决的，我只不过是用倾听来推动她思考罢了。

古罗马哲学家埃皮克提图说过："每个人都有一条舌头和两只耳朵，这样我们能够做到说出一份的信息，从对方那里听来两份的信息。"

当你能有效倾听的时候，不但能听出孩子的心声，也能解决孩子的问题。因为倾听背后是爱、尊重与关怀。

孩子的心声是听出来的，听比说更重要。

我把你教得这么好，还能教不好你儿子

一位妈妈在12+公益群中和大家分享，说：“昨天早上，我和婆婆之间，因孩子的教养方式不同而产生正面冲突。面对两代人生活方式不同，但必须生活在一起的情况，我只能积极面对，所以再次尝试与婆婆之间温暖沟通。首先，向婆婆道歉，承认自己态度不好；其次，肯定婆婆在家庭中的付出，以及我们之前的相处融洽，这次发生矛盾，主要是由于孩子教养方面的分歧，我们的初衷是为孩子好，肯定婆婆教出了非常优秀的儿子；再次，告诉婆婆我一直在学习如何培养孩子，因为现在的环境和以前不一样，我希望以后我们之间多沟通，尽量不在孩子面前出现不同意见。”

真的必须为这位善解人意的妈妈点赞，和婆婆之间的沟通温暖诚恳，在理解认同的基础上，与婆婆之间达成了85%的理解，真的太棒了！

不过，并非一次沟通就可以一劳永逸，这次沟通有结果，也并不代表下次没有新的问题冒出来。长辈在家庭中确实习惯用自己的方式去教育孩子，而且还可能要求全力承担起教养大任。遇到强势的长辈，“凡事总是以为自己就是对的”，要和他们就新的教养理论做沟通就相当困难。那么我们除了用有效的沟通技巧之外，还能怎么处理？

我认为，很多时候，我们与孩子之间做好沟通，再通过孩子去影响我们的长辈，会是一种更便捷、更有效的方式。

我女儿两岁的时候，吃东西的时候总是囫囵吞枣。婆婆担心咀嚼少会导致肠胃不好，所以很多硬的食物，婆婆会直接放在嘴里咀嚼一下，再喂到孩子嘴里。当我和婆婆沟通说这样养孩子很不卫生的时候，婆婆很生气，说细心周到养育我的孩子我还嫌弃她，还说她儿子就是这么养大的，到现在还是健健康康的，如我们不喜欢她帮我们带孩子，她就立马回去。

我当然不愿意让她离开，一旦她回去，且不说孩子的生活起居我没法照顾，更重要的是，让老公为难，以后的婆媳关系不知如何处理。况且婆婆真的为了让我们安心工作，照顾我们和孩子都尽心尽力。如何让婆婆在不生气的状况下接受我的建议呢？我就考虑在女儿身上下功夫了。女儿才两三岁，不能明说，怕引起误会，于是我就将相关的知识耐心地传递给孩子，让孩子明白，孩子懂了之后，自然就拒绝了婆婆这样做。孩子说：“奶奶，我不喜欢吃你嚼烂的，把它变小一点，让我慢慢嚼。”婆婆听了孩子的话，还非常惊喜，说宝贝真的长大了。

网上曾经盛传着一句话，叫“有一种冷叫妈妈觉得你很冷”，然而在我们家，孩子可能会改成“有一种冷叫奶奶觉得你很冷”。奶奶特别怕孩子冻着，一直要求孩子穿特别多的衣服，即使孩子热得不行也不让脱，说一脱就感冒。奶奶很固执，女儿屡次抗议无效，我屡次与婆婆沟通无效，于是我和孩子沟通，让她自己去处理这件事情，但要坚持“两个尊重”原则，尊重奶奶的爱，尊重自己的感受。结果女儿尊重奶奶的叮咛穿着许多衣服出门，但出门之后就脱了，回家的时候要见奶奶就穿上，因此奶奶还说她很乖。这不是让女儿阳奉阴违，而是让女儿在尊重长辈的前提下，也不忽略自己的感受。

随着孩子的渐渐长大，他们也会越来越明辨是非。如果我们能让他们在尊重理解爷爷奶奶、外公外婆的爱的前提下，有选择地接受他们的教养方式，我们也就不必和长辈们硬碰硬啦。当然，我们也可以用这种目标法与我们的长辈沟通，不妨先设定孩子未来之路的大目标。如果大目标是“希望孩子健康、快乐地成长”，而且这个目标和长辈是一致的，那么生活中的许多细枝末节是可以妥协或忽略的。当然，其中并不包含会危及孩子生命或健康的处理方式。

其实无论是与婆婆温暖沟通，还是通过孩子去影响婆婆，都代表我们很在意我们的亲人。我们不想伤害他们，是因为有爱。也相信，有爱可以令我们更有智慧，沟通更温暖，更亲密。

尊重和爱，是温暖沟通的基础。

该不该让孩子上补习班

一位妈妈找到我谈孩子教育的问题。她觉得最痛苦的事情不是孩子不听话，而是她和老公教育理念不一致，导致常常出现矛盾冲突，孩子无所适从。她举例说，对于孩子要不要上补习班这件事，他们俩的意见就很不一致。孩子明确表态不愿意参加补习班，她也同意，因为她觉得孩子不愿意上，就是去参加补习班，也不会有成效的，况且孩子平时功课这么忙，有点空闲时间还不如让他多休息一下，这样有助于提高学习效率。而孩子爸爸认为，学习成绩差，就必须上补习班，不能溺爱孩子，现在这么宠他，将来会害了他。两个人为这事大吵了一顿，最后儿子受不了了，就说："好了好了，你们不要吵了，我去上就是了。"后来补习班是去上了，但结果是，花了钱，孩子在繁忙的学习之外，另外也花了不少时间在补习班上，但成绩没有提升。

这位妈妈说，这件事情只是冰山一角，生活中还有无数类似的冲突，她和老公经常因为教育孩子的理念冲突而吵架，她不知道该怎么办。

当家庭教育理念发生冲突该如何处理呢？许多妈妈都认为和孩子爸爸沟通很难，爸爸要么就不参与教育，要参与的时候又适得其反。如何得到孩子爸爸的支持来教育孩子，这就需要妈妈的沟通智慧了。我想用如下几点去和孩子父亲沟通，可能会有效果。

首先，不要伤害孩子。我曾经分享过一个理念：给孩子最好的礼物就是爱你的伴侣。和孩子爸爸沟通在孩子面前争吵对孩子的伤害。父母吵架，容易让孩子产生焦虑，这不可避免地会影响到学习能力和生活习惯的训练。同时，有的孩子就会像墙头草一样无所适从，不知该听爸爸的话，还是该遵守妈妈的规定，或是只好选择听从声音大的人，完全失去了方向。有些孩子还会因此有罪恶感，他们可能会认为爸妈的吵架是因他而起，造成心理负担，影响性格发育。更严重的孩子会产生内心的焦虑、不安全感，他们害怕看到爸妈吵架的样子，甚至在心中产生阴影，到成年后也难以抹平，对人的一生都造成消极影响。

其次，寻找共同之处。去和孩子爸爸讨论你们之间冲突的共同之处，寻找合适的方法。其实上不上补习班，背后的动机都是让孩子能轻松一点，能提高学习成绩。爸爸的理由是孩子现在学习很紧张，上了补习班会让他学习成绩提高，他后面就轻松；而妈妈不让孩子上的出发点也是让孩子轻松，孩子现在学习本来就很忙，再让他上补习班，身体劳累，再加上心理抵触，结果恶性循环，费力不讨好，现在不轻松，未来也不会轻松的。所以，围绕轻松和学习效率提高这两个共同目标来沟通，并且和孩子一起协商，看怎样才是能达成这个目标的好的方式，矛盾冲突也就不会存在了。

再次，助力孩子和爸爸关系的改善。爸爸妈妈教育理念有冲突的时候，孩子听妈妈的话而不听爸爸的话，常常导致父子关系紧张，夫妻关系恶化，家庭矛盾升级。如有个孩子曾经告诉我说，他爸爸最不讲理了，有一次，他想买一只昂贵的铅笔，妈妈给了钱，但爸爸不让买，结果爸爸妈妈吵起来，把家里的东西都摔了，爸爸的口头禅是“我说不行就不行”，他讨厌死爸爸了。作为妈妈，你听到孩子说这话的时候，一定不能推波助澜，说你爸爸就是不讲理的人，不要理他，而应该成为他们关系的调解者。在孩子面前，多提他爸爸为孩子着想的层面，甚至提到他爸爸对孩子发火后的歉意，让孩子多理解；在孩子爸爸面前，多提孩子对他的认可，多提孩子私下对父亲的认可，对父亲改变的赞许。在孩子和他爸爸之间以传声筒的形式为双方美言，有时候会有出人意料的关系修复效果。当父子、父女之间关系和谐了，爸爸妈妈目标一致，教育理念之间的差异都可以和孩子协商，也就不存在所谓的冲突了。

总之，当教育理念出现冲突的时候，找到共同目标的前提下做温暖沟通，一定能找到既不伤害孩子，又达成我们的教育目标的方法。相信我们一定会有因爱而生的智慧。

当教育理念出现冲突的时候，父母尽量不要在孩子面前争吵，而要在找到共同目标的前提下做温暖沟通。

我应该
为孩子牺牲吗

在外地工作的学生小凡打电话向我求助，她的孩子9岁，特别调皮，学习成绩不好，因为考试偷看、和同学打架被多次批评。小凡在广告公司工作，老公在做房地产，两人的工作都特别忙，平常孩子都是爷爷奶奶管着，结果小小年纪就变得很叛逆。老公认为，所有的问题都是因为妈妈没有足够时间陪伴孩子引发的，所以要求小凡辞职做全职妈妈。小凡说她也愿意做一些调整，以后多抽一些时间陪孩子，但她喜欢她的工作，她不愿意做全职妈妈。同时她又很纠结，认为孩子当前的状况，作为妈妈，她应该做一些牺牲。她问我："老师，你觉得我应该做全职妈妈吗？"

我说："其实我不反对做全职妈妈，如果它是你的选择，你愿意选择这样一种生活状态，把全职妈妈作为一件快乐而又有意义的工作来做，你享受这种体验和历程，对孩子有帮助，对你也没有伤害，同时又有机会体验一种别样的人生，那是一件很棒的事情。

“但就你刚刚提到的状态而言，显然不是，你是被迫的，做全职妈妈不是你的意愿，是老公的要求，如果真去做，你会感到委屈难过。如果你是抱着这样的心态，那最好别做全职妈妈。我怕到头来，不但没把全职妈妈做好，还把事情弄得更糟糕。”

小丁说：“怎么会，如果我决定牺牲，就一定会做好的。为了孩子，我还是愿意牺牲的。”

我说：“当你用‘牺牲’这个词的时候，我就不看好你能做好全职妈妈。

“首先，当你说牺牲的时候，你就放弃了自己。你以为为孩子无条件地牺牲，就可以全方位呵护孩子，护孩子一生周全，那你就错了！多少母亲没有牺牲，没做全职妈妈，孩子照样教得很出色。也有很多全职妈妈，整天围着孩子转，孩子照样问题迭出。所以，用牺牲自己来成全孩子，孩子未必会领情。

“其次，当你说牺牲的时候，你是放弃自己的目标，想要帮助孩子实现他们的目标，帮助孩子更好地成长。可是如果你自己都没有目标，没有计划好自己的人生，不能成为孩子的好榜样，不能令孩子从内心感到敬佩，那就失去了养育孩子的另外一种重要功能，就是引导示范孩子的成长之路。那么即使孩子对你的养育之恩会感激不尽，他也可能因为得不到你的有效引导而遗憾，他会为阻断你的人生之路而内疚。所以，这种牺牲，并不见得能有效地帮到孩子。每个孩子，其实都希望父母不但爱他们，也爱自己。有了孩子，你的人生也应该是完整的，不应该被孩子所隔断。

“再次，当你说牺牲的时候，想想你可能产生的情绪状态吧。因为牺牲，你本身就有失落感，会经常想起因此失去了什么而感到郁闷难受。陪伴孩子成长的过程，虽然有快乐，但也充满了琐碎、复杂和烦恼。一旦遇到不顺心的事情，你的牺牲情节就会发酵，委屈难受甚至愤怒可能会不断升级，这种情绪很容易传染给孩子。你可能会因此脾气暴躁，因此打骂孩子，最终不但帮不到孩子，对孩子还是一种伤害。”

所以，不要执着于为孩子无条件牺牲，而忽略了让自己成为孩子尊敬和爱戴的妈妈。如果你选择做全职妈妈，那一定是因为你喜欢，且符合你自己的目标的路。妈妈和孩子都有自己各自的人生，真正有效的教育，是做更好的自己，成就更好的孩子。如果爱孩子，就放弃牺牲，首先做好自己吧。

妈妈和孩子都有各自的人生。放弃牺牲，做好自己，引导示范孩子的成长之路，才能帮助成就更好的孩子。

大人错了
要向孩子道歉吗

一个男孩被父母送进青少年心灵成长训练营，他爸爸来和我沟通，对我说："老师，我的孩子脾气非常倔，经常和我对着干，明明做错了还死不认错，您看怎么办呢?"

在训练营中，这个孩子在述说他曾经觉得最受伤的事情是这样说的："小时候我爸爸总是打我，明明我没有做错他还打我，就是他自己做错了他也打我。有一次，他钱包里的钱没有找到，问我拿了没有，我说没拿，他不相信，就开始打我，边打还边说：'我叫你偷钱，我叫你不承认。'我很无语，他也不听我解释，我也打不过他，就算现在打得过也不能打，所以我就挺立在那儿让他打，但用愤怒的眼神看着他。于是爸爸就更生气了，就打我打得更厉害了。更让人生气的是，后来，钱找到了，是他自己放到了另外一个地方忘记了。这个时候，我要求爸爸向我道歉，他又变得非常生气，不但不道歉，还继续打我，边打还边说：‘你还不得了了，还要大人向你道歉，你平常做错了多少事你道歉了没有，还要你爸向你道歉，真是反了！’”这个大男孩边哭边叙说着这个故事，他的委屈令现场动容。

后来，他爸爸问我：“我这孩子的倔脾气能不能改？”我回答他：“你能他就能！你有没有发现他的倔脾气就是你的真实镜子？从他身上，你可以看到你自己。你想想你是不是也这么倔？你说孩子不会认错，不会道歉，那你呢？你做错的时候，是不是也这样呢？父母是孩子的第一任老师，在他的成长过程中，他没有看到过你低头，没看见你认错，他自然也没学会低头认错。”

这位父亲说：“你说的也是，我突然想起来，我爸爸当年对我也是这样的，就像我对我的孩子一样。我爸打我的时候，冤枉我的时候，我也非常愤怒，我当年也是这么和老爸对着干的。不过对孩子，有几次，我也知道自己太冲动，觉得我做错了，可是家长和孩子道歉好像不太合适，会有失家长的尊严和身份，我怕他以后不尊重我。”

我说：“那你觉得他现在尊重你吗？”

这位父亲说：“就是不尊重、不听话我才送到这个训练营来，希望他能改变。”

我说：“对呀，他在你那里没有得到尊重，所以他也没有学会尊重你啊。尊重原本就是相互的，你做错了，不向他道歉，他做错了，自然也不向你道歉啊。”

曾经在报纸上看过一则消息。留美多年的一对中国夫妇，带着孩子去购物，结果孩子走散了，一个人站在消费区等候。商场的服务员过来，要把孩子赶走，其理由是，孩子不消费，不能待在这里。而这位从小接受美国文化熏陶的小朋友却不依不饶，与服务员争执了起来，他坚持认为商场侵犯了他的权利，并要求商场方面向他道歉。服务员并不理会，但孩子不甘罢休，要诉诸法律。后来，经理怕事情闹大了，只好屈身向孩子的父母表示了歉意。然而，让他们感到吃惊的是，这对夫妇却要求必须向孩子道歉，因为受到不公平待遇的是孩子，而不是父母。经理对他们的要求感到不可思议，但这对夫妇还是坚持，应该尊重孩子的意见和权利，向孩子道歉。双方争执很久，仍然没有结果。后来，经过协商，还是由商场方面把道歉词写在纸上，让父母读给孩子听，算是妥协，这场冲突才算是平息了。

我们从这对夫妇的行为，看到了他们对孩子的尊重。我们也可以推测，这个孩子从这件事情当中，看到了自己是值得尊重的，也因此学会了对他人的尊重。

那位父亲听了我的一番话若有所悟。后来，他打电话告诉我，他很不好意思当面向孩子道歉，就写了一封长长的道歉信，把自己的多次错误行为进行了一个道歉。据说儿子看了以后非常感动，那天也主动给爸爸回了一张纸条说："爸爸，你的信我看到了，谢谢你。对不起，请你原谅我以前的冲动行为，我以后会改的。我爱你，爸爸。"

孩子是看着父母的背影长大的，大人的每个行为对孩子都是一种示范。敞开表达，做错事真诚道歉，是建立深沉厚实的亲子关系的开始。

大人做错事，向孩子真诚道歉，对孩子的成长是一种示范。

孩子想休学，你怎么办

这个名为小雪的女孩坐在我对面，和我聊了十几分钟了，许多问题都不肯正面回答，只是不断坚定地对我重复着一句话：我要休学，我就是要休学。

小雪今年初三了，正是准备中考的紧张时期，原本学习成绩还不错的，可是最近一落千丈。她每天都无法完成作业，对学习完全失去兴趣，已经好几天都没去上学了。妈妈紧张得不行，一定要我给她的孩子做咨询。她也不明白，好好的孩子，怎么突然成绩就不行了，而且还不断提出休学，态度越来越坚定的样子。

我问小雪妈妈："小雪要休学，你愿意接受吗？"小雪妈妈说："我是坚决不允许小雪休学的。休学一年，这时间浪费得太可惜了，就会比同龄人晚一年读高中，晚一年上大学，晚一年参加工作，晚一年晋级。这损失实在太大了。无论如何，我坚决不会答应的。"

我说："你不答应小雪休学，你就能保证这一年的时间不会被浪费吗？你能保证她能如期读高中，读大学？而且即使如期，你能保证她是身心健康的吗？"

我觉得此刻最重要的是，去和小雪沟通，她休学到底想干什么？她有什么规划？如果休学，她准备休多久？如果真的帮她想清楚了，让她休学又何妨？与其让她在痛苦中挣扎，不如放她出来呼吸新鲜空气。

我有一个好朋友，儿子读高中时非常厌学，朋友主动提出让儿子休学一年，让儿子与他一起出去看看世界。接下来的一年当中，朋友陪着孩子周游国内国外各个地方，去到每个地方，都由儿子做计划，父子俩一起打工挣钱，解决安排衣食住行。一年之后，儿子回来继续学习，成绩突飞猛进，最后还考上了一个不错的大学。和儿子聊天的时候，问他休学一年的最大收获是什么，儿子说最大的收获就是想明白了自己未来究竟要干什么。

西方学校有一种制度叫"空当年"，意思是让大学生在收到大学录取通知书后，不是及时去报到，而是可以向大学提交申请，可以延迟一到两年去上学，在上大学之前有一至两年的时间可以自由安排。这相当于西方年轻人的成人阶段。研究表明，经历了"空当年"的学生比以前更加成熟，适应力更强，自我意识也变得更为完善。"空当年"制度，让年轻人能停下来思考人生真正的方向。据麻省理工学院的招生面试官透露，没有人后悔过"空当年"，有很多人后悔没过"空当年"。没有用一年的时间随心所欲地做自己喜欢的事情，或是旅游，或是写作，或是挣钱，或是致力于自己长久以来的梦想计划。研究表明，经历过"空当年"的孩子更加明白上大学的真正意义。

如果真的有必要，在中学时期过"空当年"也未必是坏事。小雪如果真的想好了，已经规划好未来要干什么，愿意接受未来，并且愿意去承担，让她休学又何妨？让她按照自己想要的方式去学习生活，也许当她再次回来的时候，她会更加努力，也许人生之路从此会与众不同。

即使她没有规划好未来，她休学的原因是现实生活中碰到的一些挫折与困扰，想要逃避，也就给她一个逃避的时间，让她放松心情，停下来思考人生，那也将是一个有意义的旅程。当她自己选择回来学习的时候，学习的效率会大大提高，生活会变得美好。

并且，很有可能小雪休学的真正目的不是为了发展或是逃避，有可能只是短暂的情绪表达。如果妈妈放下“我坚决不允许你休学”的执着，以退为进，好好沟通，小雪也许就会放下“我必须休学”的执着。

让孩子明白自己未来究竟要干什么，让他按照自己想要的方式去学习和生活。

当发现
孩子书包里的避孕套时

燕燕是我的闺蜜，离异，有个 14 岁的女儿。有一天，她惊慌失措地来找我，说女儿离家出走了，求我帮她一起去找。

我问她，女儿为什么会离家出走?

她说，前段时间，帮女儿整理书包时，突然发现了一包避孕套，她特别震惊！气势汹汹地质问女儿这是哪里来的。得知女儿已经谈恋爱，并且已经与男友发生性关系的时候，一怒之下，打了女儿，还说我没有你这样不要脸的女儿，你给我滚！于是女儿离家出走了。

当我们好不容易找到她女儿时，发现女儿和一个与她差不多大的男友居然还在外面租了房子，燕燕都快崩溃了！35 岁才结婚的她怎样也无法接受孩子 14 岁就与别人发生性关系这个事实。

我对燕燕说："其实事情没有你想的那么糟糕。你该庆幸，首先是女儿还没遇到什么坏人，青春期的孩子性冲动是正常的，你该理解；其次该庆幸女儿还懂得保护自己，否则怀孕流产将会使一切变得更糟糕；再次，在这个时候就被你发现了，你用合适的方式引导教育她还来得及。”

那应该怎样引导与教育呢？其实为了避免发生一些不该发生的事情，应该及早对孩子进行性教育。越是避而不谈，越是隐晦神秘，孩子好奇心越强，越容易不顾一切地去探索。况且现在的孩子也可以从网络上看到很多两性激情的视频和信息，我们已经无法控制，这就需要父母在孩子进入青春期时就开始正确的引导。

我女儿刚进入初中时，我就试着和她讨论关于恋爱的问题。那时候女儿说到班上有谁在谈恋爱，有几对恋人，也告诉我她知道学校有一个女生曾经流产的事。当时的我也是非常震惊的，我没想到初二的孩子已经把谈恋爱视为理所当然了。

当女儿和我谈论有一个男孩对她很好，有点儿那个意思的时候，我首先恭喜她，说我女儿越来越有吸引力，说妈妈是丑小鸭，直到大学才有男生追求；其次告诉她爱情是一件非常非常美好的事情，并描述妈妈当时和爸爸谈恋爱的感觉；最后告诉她如果她真的要谈恋爱，妈妈阻止不了，妈妈希望她能慎重对待，不要破坏爱情真正的美好感觉。

我对她说：“我之所以会这么说，是因为：

“首先，中学生还不十分懂爱情，但这种我对你好你对我好的朦朦胧胧的感觉也非常美好，也许未来能发展成为真正的爱情，但现阶段，只有保持距离，才能拥有这种朦胧美。

“其次，不要有身体的接触，因为一旦怀孕流产，让健康受损，美好的事情也就变得不美好了。

“再次，你是有自己的目标和理想的人，每个人一生的幸福都是自己规划的。最美最顺利的人生是在合适的阶段干合适的事情。结婚怀孕生子应该是在你完成学业之后。由于冲动使这些事情过早地发生，在错误的时间段哪怕做最美的事情，美好也会变得不美好。所有最美好的事情会因为等待变得更加美好。”

我以为和一个初二的孩子谈这些为时过早，我担心她可能还无法真正理解。后来有一天，女儿给我看一个男生的情书，对女儿表达炽热的好感，我问她，那你打算怎样做呢？女儿说：“放心吧妈妈，我记得你的话呢，我才不想把美好的事情弄糟呢！”

为了避免发生一些不该发生的事情，应该及早对孩子进行性教育。越是避而不谈，越是隐晦神秘，孩子好奇心越强，越容易不顾一切地去探索。

孩子追星好吗

在报纸上看到一则消息，一名 15 岁少女因痴迷 TF－BOYS 成员王源离家出走，凌晨独自乘车来重庆见偶像，幸好被民警拦下，并联系到她家人，连夜送回。

用“追星”作为关键词搜索，一大堆负面消息铺面而来：一高中女孩追星，被其父杀死；一帮小学生为了 TF－BOYS，掀起世纪骂战；还有当年沸沸扬扬的杨丽娟追星事件……

看这些新闻，很多家长都觉得孩子追星是一件很糟糕的事，我则觉得孩子追星其实并不是坏事，它有积极的一面。这是因为：

首先，追星可以让我们更了解孩子。因为追星这件事本身，是打开了一扇窗，折射出孩子们的一些心态，让我们更了解他们：他们的喜好，他们的世界观，他们的看法。他们追星，或是表达其独立性，不用再依赖父母，所以选择崇拜拥有能力、地位且独立的偶像，希望通过偶像崇拜来实现独立自主的目的；或是表达其情感与精神世界的缺失，通过偶像崇拜来填补，如杨丽娟追星事件。在咨询室里，碰到一些不太愿意开口说话的孩子，最容易让他们打开话题的是，你的偶像是谁？每当谈起偶像的时候，这些内向的孩子顿时变得生动起来，从一言不发到眉飞色舞。通过他对崇拜的明星的了解，你会更了解你的孩子。

其次，追星还可以激励孩子。曾经有个15岁的抑郁症患者来做咨询的时候，提到对生活所有的看法都是负面和灰色的，但提及某个日本明星，言语之间突然有了阳光，说将来要去日本留学，去日本工作，学习电视编导，因为这样才可以有和明星接触的机会。了解到这一点，在后面的咨询中，我多次和她提起这位明星，强化那位明星的阳光正面的状态与精神，并和她认真探讨，要真正留学到日本，找机会见偶像必须要有什么条件，现在应该怎么做。后来，这孩子为了她的明星，恢复了上学，到今天为止，孩子能正常地学习与生活，其实要感谢那位明星的榜样激励。

当我和女儿聊追星的时候，女儿告诉我说："每个人心里都有偶像啊，这很正常啊，有偶像让生活目标看得见。"女儿的偶像是宫崎骏，她喜欢宫崎骏的漫画，希望自己将来能有一个像宫崎骏那样的团队，能有宫崎骏那样的工作室，自己的漫画将来也能像宫崎骏那样搬上荧屏。而这个偶像梦，一直得到我的大力支持。她的房间里，贴满了宫崎骏的作品；她的书架中，都是宫崎骏的漫画，宫崎骏的手稿书；只要和宫崎骏相关的物品，她要购买，我都无条件满足她，我看到了，也会主动帮她买。我知道，每次接触到与宫崎骏相关的物品，对她而言，都是潜移默化的提醒与激励，让她更清晰地看到生活目标，让她和目标又靠近一点。

所以，孩子追星并没有错，对于家长而言，是好事。当出现极端和狭隘的追星事件时，家长最有效的做法不是粗暴制止，而是积极引导。进入到孩子的世界，和孩子一起对偶像进行讨论。讨论她喜欢的 F4，讨论她喜欢的 TFBOYS。通过和孩子一起讨论，家长可以在同一个平台上将正确的世界观、价值观潜移默化地传递给孩子，教会孩子正确评价明星，正确评价身边的人，在和孩子的交流沟通中给予孩子在生活和情感方面的引导。

孩子追星没有错，父母不应粗暴制止，而应积极引导，在和孩子的交流沟通中将正确的价值观潜移默化地传递给孩子。

孩子不自律怎么办

丁丁上初二了，他妈妈来咨询的时候，强调他是个乖孩子，就是特别不自律。他妈妈说："他小时候还挺好的，那时候为了养成他好的学习习惯，我每天晚上都陪着他做作业，那时候他成绩不错。但进了初中以后，我自己的工作非常忙，就没那么多时间陪他，监督他，他现在成绩一塌糊涂。更糟糕的是，只要我们一不在家，他就疯狂上网。我们在家的时候，他也会躲在被窝里玩手机，有时候甚至通宵达旦，我们都不知道该怎么办。"

丁丁妈妈还从包里掏出两本孩子的作业本给我看，其中一本非常整洁干净，里面的每条线条都是用尺子画的，每一页都密密麻麻且井然有序，每一条笔记上面都有不同颜色标注的符号，一看就是一个认真的孩子；而另一本笔记本，每一页都大大咧咧地写着几行字，字也潦草得几乎看不懂，完全看不出是一个人的笔迹。丁丁妈妈告诉我说，第一本是她在旁边监督的时候做的，而后一本是失去她的监管的时候做的。

她说："你看我不监督，笔记都会做成这个样子。我就这么一个孩子，如果老师你觉得有必要，我可以放弃工作，做全职妈妈来陪她。可是我现在担心啊，我就是做全职妈妈他也未必肯听我的话，所以我很纠结。"

我说："是啊，就是你做全职妈妈，也未必能培养自律的孩子。你以为孩子的自律必须靠强制和监督，那就错了。首先，自律是有自有律，自是自主、乐观、自信，律就是给孩子定规矩，严要求。中国家长强调'律'而忽视了'自'，是容易带来孩子的逆反心理的。从你前面的表述中，我猜你的孩子缺的不是'律'，一定是'自'，缺自主、乐观、自信。"

这位妈妈不解："老师，您为什么这样说呢?"

我告诉她，不自主常常是因为家长管得太多，大人主动，孩子自然被动，你都给他安排规划好了，他自然只要被动接受就行了。孩子习惯了在大人的监控和管制下行动，实际上也恰恰失去了锻炼自我能力的机会，一旦离开大人的监督，有的孩子由于惯性，能继续表现好，而有的孩子由于压抑太久就需要放松平衡了。这就是好多大学生在中学表现很好，从不玩手机或是游戏，在进入大学后长期沉溺于网络中的原因。

不乐观是因为，需要自律的事情通常有些枯燥乏味，做的过程中容易遇到挫折。而乐观的孩子和悲观的孩子对待挫折时态度不一样。同样拿学习来说吧，乐观的孩子一旦考砸了，她会觉得不是自己水平不行，是还有些内容没复习好，所以还会持续努力，因为下次有考好的希望；而悲观的孩子则认为考砸是自己太笨了，看不到希望，就没有继续下去的动力了。

不自信是因为，孩子学习成绩差，自我效能低，自然也很难自信。你看孩子为什么玩游戏可以通宵达旦，那是因为在游戏中找到了成就感，找到了虚拟世界的自信。而现在咱们的家长评估孩子似乎只有一个标准，那就是学习成绩，好像除了学习成绩之外没有其他标准，而学习成绩不好，自然就不自信了。

所以，孩子的自律绝不是靠做全职妈妈可以管出来的。要让孩子更自律，其实更多地要从积极、乐观、自信的心态上去培养。美国心理学教授曾经研究过一套学前教育课程，叫作“心智工具”，着重培养孩子的自律能力和执行能力，在一些幼儿园实践后，效果出奇的好。经过这种训练的孩子，学习成绩高出整个学区平均分 20 多分。而“心智工具”训练孩子，靠的不是管控，靠的是用游戏的方法渗透到教学中，培养孩子主动、积极、乐观地参与游戏，并从游戏中找到成就感，变得更自信，从而变得更自律了。

我告诉这位妈妈：用管控的方法培养孩子的自律不是真正的自律，那是忍耐，忍耐是有限度的，久了就消耗掉了。就像那个笔记本，为什么有管控和没管控不一样？因为只有自己发自内心的要求，才会导致恒久的结果。

所以，培养孩子的自律，不能只重“律”，而不重视“自”，“自”所包含的自主、乐观、自信比“律”更重要！

自律是有自有律，自是自主、乐观、自信，律就是给孩子定规矩，严要求。强调“律”而忽视了“自”，是容易带来孩子的逆反心理的。

发现了孩子的秘密怎么办

有家长问我：“今天无意中看到儿子的 QQ，发现他半夜起来追剧，帮其他男生追女孩子，很在意别人评价他帅否……这些，我们做父母的通通不知道。我不知道，我该怎样和他谈谈半夜追剧的问题。”

也有朋友打电话给我，说发现自己初三的孩子经常登陆黄色网站，甚至付费观看，怎么办?

还有朋友咨询，说发现高中的女儿偷拿了父母的钱，买了一件昂贵的礼物送给一个男孩，怎么办?

所有关注孩子的父母，都会有意无意中发现孩子的一些秘密，在孩子的日记本里，在孩子的 QQ 里，在孩子的书包里……

我觉得所有家长们和我谈的这些秘密，都比不上我曾经在女儿的日记本上看到一句话来得震惊，这句话是：我喜欢和 XX 同学在一起的感觉，突然觉得同性恋也很美好。

那时候女儿初三，当我不经意看到这话时，震惊程度不亚于火山爆发。我实在难以想象，如果女儿将来真的同性恋了，我该如何面对？不过，作为心理工作者，我同时也知道，不能冲动，要沉住气，找时间好好沟通。我给自己设计了如下原则与女儿沟通此事。

首先，接受秘密。虽然我很焦虑，可是我决定不揭露此事，让秘密继续成为秘密。因为对于青春期的孩子而言，之所以会有秘密，是“心理断乳”的象征，是一种长大的标志。父母窥视孩子的秘密，不仅侵犯了孩子的个人隐私，而且往往会引起强烈反感和叛逆，甚至导致亲子关系的破裂。所以，家长们看到了孩子的秘密，切不可揭穿，要让这秘密继续成为秘密，才能和孩子有继续沟通的机会，否则，亲子关系破裂，你更无能为力。

其次，因势利导。我开始借机展开一些同性恋的话题与女儿进行探讨。有一天放学的时候，我对女儿提议说，我们今天就不开车，走回家吧，女儿同意了。在路上，我和她聊聊学习，她的同班同学等等，同时也和她聊我的工作。我告诉她，最近做了个咨询，是个同性恋，特别困扰。女儿突然问我：“你是如何看待同性恋的?”我表达的是：“每个人都有选择的自由，我是可以接受的，但如果是选择，我期望每个人都会选择轻松自然被祝福被接受的人生。”然后，我和她讲了同性恋的成因，生理的、心理的、社会的、环境的，我告诉她当前很多同性恋其实是追求时髦，同性恋会给自己未来的生活带来怎样不良的影响等等。为了这次聊天，我其实事前做了很多功课。说完这一切，我突然问女儿：“你们中学生是怎样看待同性恋的?”女儿对我说，她以前不懂同性恋，后来因为看日本动漫，看吸血鬼故事，如《暮光之城》等小说，里面塑造了许多同性恋的美好故事，很感动，因此觉得同性恋很美好，似乎在生活中和某同学的关系也有这种感觉似的。然后，听了我刚刚的那些话，就觉得自己不是同性恋，也不想做同性恋了。但那个同学也是这些作品的毒害者，虽然没说，好像对她真有点儿这种意思。

第三，相信美好。其实，听了女儿这段话，我大大地舒了一口气。我对她说，我相信你能处理好你自己的事情，我也相信你有和同学沟通的能力。你们喜欢唯美的爱情没有错，但重要的是让未来的生活更美好。后来问起女儿怎样和同学谈论此事，她告诉我："妈妈，你那天和我说的关于同性恋的那些话题我借机会和XX同学说，XX同学的回应是：哦，原来是这样，我以前看那些书的时候，还曾经想过，我们玩得这么好，说不定将来成为同性恋呢，你说好笑吗？结果我们俩都觉得这事很荒诞，最后大笑收场。"

其实孩子的秘密，没那么可怕，无非是关乎青春期的性冲动、社会交往、自我形象的塑造等，对于父母们而言，没什么想不通的，回顾我们自己的青春期，不是也有好多类似的事情和想法发生吗？只不过是年代不同，表现形式不同罢了。

发现孩子的某些小秘密时，父母应沉住气，冷静观察，耐心等待时机。最好是以旁敲侧击、举一反三的智慧来与孩子进行心理沟通，创造坦诚交流的氛围，建立相互信任的亲子关系，孩子自然会说出心里话。同时，给孩子自己解决问题的机会，推动孩子的成长和成熟。

发现孩子的秘密时，试试"接受秘密，因势利导，相信美好"三步法则，也许孩子的秘密就会变成亲子关系的美好回忆哦！

当秘密被孩子发现时

12 + 公益群中，妈妈们每天分享自己和孩子之间的快乐或是不快乐的事情。有位妈妈说不小心被女儿看到公益群，女儿不太高兴，说是侵犯了她的隐私。

家长们在群里分享是我们的要求，这样做的目的是有困惑可以相互探讨，缺乏动力可以相互砥砺，一起走下去才会更有力量。分享的内容也不算什么隐私，妈妈们只是分享和孩子们互动时的温暖感受以及偶尔感受到的困惑。

但我也理解这个孩子的感受，母女之间的事情，为什么要让那么多人知道？孩子的感受很正常。换位思考，如果我是她女儿，我可能反应也是如此。

其实像我这样经常把自己的亲子互动的一些细节做早安分享，让成百上千人知道，我能猜到我女儿知道后的反应。

我在朋友圈设置了不让女儿看见，其实也是因为预料到女儿可能的不高兴。虽然我偶尔也会推送一些和女儿不相干的东西给她看，女儿也曾经点赞，但她不知道还有大量的文章与她相关。用我助理的话说，她一定不知道她已经不小心成了网红。

一旦有一天，真相被女儿发现，她不高兴了，我该怎么办呢？我想过，若这一天到来，其实也不可怕，我会好好地与她沟通，我已经想好了招数了。

首先，真诚道歉。我会去询问她的感受，和她一起厘清她真正在意的部分，会告诉她，我爱她，绝对不会伤害她，也不想令她有不好的感受。如果这种分享有令她不舒服，那是我的不对，请求她谅解。我会向她郑重道歉。

其次，陈述意义。从她的角度出发，去陈述这件事情的意义。我会说，我之所以会去做这些分享，是因为有一个这么棒的女儿，于是总想逮住机会得瑟一下，满足自己的小虚荣。当然主要也不是为了虚荣。因为基于我对你的了解，我猜想，如果分享你的经历去帮助很多人从困境中摆脱出来，你是愿意的；如果分享我们之间的互动经历可以推动妈妈工作的进展，你是愿意的；如果借由这种分享，推动妈妈更深入地思考，让你了解妈妈更多的真实想法，你是愿意的；如果妈妈通过这些文章的分享，把我们之间的一些互动片段记录下来，给我们的未来留下一些记忆，你是愿意的……不知道妈妈这种假设对不对？

再次，尊重未来。告诉女儿；如果你真的不愿意，我向你保证，我以后分享前，会与你一起讨论，你同意后妈妈才分享。当然，你也可以告诉妈妈，哪些是你不愿意让人知道的，妈妈一定尊重你的要求，可以吗？

我想对于那位困惑的妈妈，这三步中最重要的应该是意义的陈述。告诉孩子你的初衷和意义，让女儿看到你多么在意你和她之间的关系，让女儿了解你为了她愿意做的努力，让女儿知道你在这种分享当中可以获得的支持和力量，让女儿也参与到你建构美好和谐家庭关系的行动中来，让未来生活更美好。我想这种源于爱的努力是能打动孩子们的。

其实我不知道我说这些是否能得到女儿的理解，但我想，从自身经历出发的分享，能给一些家长启发，令更多的孩子有美好的未来，这种从爱出发，心怀天下，面向未来的发心，迟早女儿会理解并支持的。

当秘密被孩子发现时，试试“真诚道歉，陈述意义，尊重未来”三步法则，与孩子一起面向更好的未来。

他为什么离家出走

晓辉妈妈和我谈起上初中二年级的晓辉，总是止不住流泪，她不明白这孩子怎么那么会闯祸，怎么那么爱离家出走，每次都整得全家人心力交瘁，痛苦不堪。而有意思的是，每次离家出走之后，总是能在同一个网吧找到他，他似乎就是在那儿静静地等待爸爸妈妈把他接回家。每次离家出走后回到家，都是以爸爸暴打孩子一顿作为结束。而每当被爸爸揍的时候，晓辉安静得可怕，不叫不躲，一声不吭。

和晓辉单独沟通的时候，我问晓辉为什么离家出走。晓辉说，他也不想离家出走，可是当不小心闯祸的时候，当考试成绩太烂的时候，他不敢回家面对妈妈的眼泪和爸爸的暴力，只好选择离家出走了。

当我问为什么总能在同一个网吧找到他，他说是因为出走之后更不敢回去，知道爸爸妈妈会担心，所以就在同一个网吧等待。他已经做好了充分的思想准备，回去会被爸爸打，所以爸爸打他时不哭不闹，安静接受，只是内心很无助很难受。

我替晓辉难受，孩子在失败和闯祸的时候，其实更需要家人的关怀，可是家人没有给。

我也替他爸爸妈妈难受，每次想要通过惩罚的方式让孩子接受犯错或闯祸的教训，可是孩子依然再犯。他们那么爱孩子，却因为不懂得用合适的方式，让自己和孩子都很痛苦。

如果我是晓辉妈妈，我会选择努力让孩子安心接受挫折与失败。

这是妈妈教我的。至今记忆中还保留着那温暖深刻的一幕。我领到人生第一个月工资，却在路上遭遇小偷，钱包和工资全没了。我在哭泣，爸爸在旁边喋喋不休地责备我总是粗心大意，而妈妈大声喝止爸爸，说："人家丢了钱本来就难受，你还雪上加霜，你不要说了行不行！爸妈是用来干什么的，就是孩子犯错、挫折、失败的时候，用来依靠的。"然后过来搂着我的肩膀对我说："妈妈知道你难受，但别担心，还有爸妈呢。"那年我22岁，那个年龄的我，妈妈可以依靠的肩膀仍然让我温暖和感动。

有一次女儿把我钟爱的iTouch弄坏了，怕我生气藏了起来，我找到它已经在几个月后了。当时也曾因为女儿的不诚实非常愤怒。但了解到女儿这几个月中所受的煎熬时，我非常难受，我对她说："妈妈希望你知道，你是我最爱的宝贝，当妈妈知道这样一个小小的iTouch折磨你这么久，你知道妈妈多心疼吗？妈妈希望你明白，不要说一个iTouch，就是一百个iTouch，一万个iTouch，都比不上你的快乐对妈妈的价值。妈妈期望你记住，无论你将来发生了什么，无论你犯多大的错，闯多大的祸，你都可以第一时间来找妈妈，妈妈是那个可以和你一起去担当面对的人，而不是你要躲避的人。"那一刻，我看到女儿眼中汹涌而出的眼泪。

面对犯错闯祸的孩子，我们究竟应该如何做呢？

首先是接受而不是惩罚。犯错的孩子，其实内心是忐忑不安难受的，无须你的惩罚，他也很难受。因为意识到自己犯了错误，已经是对孩子最大的惩罚了。而如果父母勃然大怒，孩子反而会把自己的错搁置起来，拼命找借口抵赖。因为你的生气已经抵消了他对犯错的内疚了。

其次是担当而不推诿。孩子犯错的时候，父母只需问："你想让我怎么做呢？"孩子回答说："老师说要爸爸妈妈去道歉，因为我犯了错，你们可能会被老师批评。"父母只需回答说："好的，别担心，我会去的，爸妈的存在就是为了这个时候挺身而出啊。"你只需要告诉孩子这一点就足够了。

再次是理解而不是说教。和闯祸的孩子一起去道歉回来的时刻，是一个最棒的情感交流时刻，你如果能对身边那个心怀内疚垂头丧气的孩子说一句："爸爸在你这么大的时候也做过同样的事情，成长的过程中总免不了犯错，你慢慢长大，慢慢减少犯错就好了！"这时候父子两人一定能感受到理解的温暖和别样的亲情。

其实，孩子能够信任父母，能够真的感受到父母无条件的爱，是因为在他最难堪的时候，父母会伸出援助之手。

孩子犯错或闯祸的时候，让孩子安心接受挫折与失败，与孩子一起承担后果，用理解代替说教。给孩子无条件的爱，孩子也会对你敞开心扉。

逼迫五岁的孩子学钢琴好吗

很多父母逼着他们的孩子学钢琴，跳舞，参加各种各样的兴趣班，理由是要让孩子赢在起跑线上。而我认为，更重要的是要让孩子赢在终点，而不是在起跑的时候就把孩子对这些东西的兴致给破坏了！

一个朋友，对我的观点有质疑。他说："我虽然以前对钢琴不感兴趣，也非常痛恨爸妈让我弹钢琴，但被逼着钢琴也过了八级。我今天虽然没做跟钢琴相关的工作，可是闲暇的时候也能弹弹钢琴，多一份享受生活的方式，我觉得挺好的。其实我今天很感谢爸妈当年对我的强迫。所以，我现在也逼着五岁的孩子弹钢琴，虽然他不断地抗争，逃避，可是我会坚持。我认为，现在孩子不懂事，将来懂事了就知道这是为他好了！老师，你怎么看呢?"

我想和这位朋友讨论两点：

第一，过程与结果。一件事情如果有选择，你愿意选择过程痛苦，结果美好还是过程结果都美好？你今天并没做跟钢琴相关的工作，只是把弹钢琴当成一种娱乐，但学生时代，学习的过程却特别痛苦，这似乎符合结果美好，过程痛苦。如果你今天真的想通过弹钢琴的方式娱乐自己，你有很强的意愿去学，你不但可以学得很开心，还可以学得比你当时更轻松，因为这是你自己有意愿学的。而且现在的你更成熟，领悟力更强，这符合过程和结果都美好，你愿意怎样选择呢？

第二，拔苗助长与大器晚成。曾经有个被父母视为叛逆孩子的初中生告诉我，小时候最痛苦的事情就是被迫每天弹两小时钢琴，虽然钢琴也弹到了十级，但每天看到钢琴都恨不得砸了它。现在上初中了，长大了，孩子跟爸爸妈妈说，今天开始，再也不弹钢琴了。有的孩子也许童年时真的对钢琴有兴趣，但被家长逼迫超负荷地去练习，也许很快就把兴趣消耗殆尽了，因为钢琴带来的情绪体验是痛苦的。如果当初你能享受学习的过程，今天你的钢琴恐怕还不止八级水平。有的孩子虽然“起飞”晚，但当他们爱上弹钢琴，即使从零开始，也能后来居上，这是因为他们开始学习时心智和体格都更为成熟，对动作的模仿力也更强，对乐曲的领悟也更透彻。学习的早晚并不重要，重要的是那种沉迷与享受的感觉，有人从80岁开始学习画画，也成为非常有名的画家。

所以其实无论做什么，只要热爱，永远不晚。

这位朋友对我说：“你说的有道理，但是如果当年没有我父母的强迫，我也许永远都不会弹钢琴，永远都无法体会钢琴的美妙。”

我说：“为什么一定要弹钢琴？你可以去做一些别的你喜欢做的事情，比如画画、唱歌甚至是玩，反正是那些能带给你愉快体验的事情，你知道快乐的情绪，对培养孩子们的想象力和创造力是多么重要啊，而这个时间也是过时不候啊！人生是单行线，童年不可能重来，如果能用愉快的时间换痛苦的时间，何乐而不为呢？

“况且，很多孩子青春期的叛逆，都是小时候的被迫种下的种子。你强迫你五岁的孩子学钢琴，他的痛苦无法伸张和表达，等他十五岁的时候，无论对错，他就是要和你对着干，因为小时候被压抑的那些情绪要开始释放了。”

其实，那些真正优秀的孩子，都有一个共同点，就是生活在一个和谐有爱的家庭中，拥有和睦的亲子关系，可以让自己自由舒展，可以成为真正的自己，而不用为了得到父母的爱去讨好迎合。

作为父母，我们的爱，永远不能基于孩子听不听话，优秀不优秀给出。我们要通过自己的行为让孩子明白，我们的爱是无条件的，并且永远爱他们。这样，孩子才可以活出属于自己的精彩！

和睦的亲子关系，可以让孩子自由舒展，让孩子不用为了得到父母的爱去讨好迎合。

妈妈，请放开我

去云南旅游的时候，遇到一对母子，母亲年近古稀，儿子45了。一路上，儿子搀扶着母亲，十分体贴的样子。我们私下都议论说，这个儿子真孝顺。

可是几天旅游下来，我们对这对母子的感觉发生了变化。儿子几乎面无表情，所有的事情都是妈妈在张罗，包括领用酒店的房卡。儿子好像就是他妈妈带出来的道具。

那位妈妈称呼儿子为阿宝。聊天中了解到，阿宝是某研究所的工程师，未婚。妈妈很着急，一直想为儿子选一个合适的对象，但见到的姑娘没有一个配得上他儿子的。说这话的时候，妈妈冲着儿子说："别着急，妈妈一定要帮你找一个配得上你的。"阿宝顺从地点点头，没有什么表情。

还有一次，我们在大理逛小商店的时候，妈妈发现阿宝的鞋带松了，就说："瞧你这孩子，鞋带松了也不知道自己绑一下？"说着就蹲下来帮儿子绑鞋带。让我感觉奇怪的是，70 岁的母亲蹲下来帮 45 岁的儿子绑鞋带，那儿子居然一副很坦然的表情。

当导游来咨询大家是否晚上要去看一个特色民族风情表演的时候，先问到那位儿子，妈妈立刻对导游说："我儿子累了，要早点休息，我们就不去了。"儿子在旁边仍然一言不发，毫无表情。

我突然明白阿宝为什么 45 岁还没有结婚，因为他还没长大。不是他不想长大，而是他妈妈不允许。

我打心眼里同情这个男人，这个男人没有灵魂，他被他妈妈那令人窒息的爱操控着，绑架着，他完全没有自己。

我猜想，他应该也挣扎过，抗争过，可是妈妈太强大了，他一定是以失败告终才变成这个样子的。从他眼中，似乎可以读出这种习得性的无助感。

我有意和他妈妈聊天，问及她儿子的状况，他妈妈一脸苦笑："我真的好累啊！45 岁的儿子还得管，你看他肢体健全，不知怎的就是长不大。唉，看来真的要操一辈子的心啊。"

我说："你应该从小就是这么操心他的衣食住行生活事业的吧？"

这位妈妈说："是啊，我儿子只会读书，生活能力很差。我只有这么一个儿子，我不帮他谁帮他？但我没想到要帮这么多年！恐怕还得继续帮下去。现在我好像必须跟儿子一体，他才能生存下去。而且即便是这样，儿子也不愿意和我多做交流。我也很痛苦，不知道该怎么办？"

只有六个月之前的婴儿和妈妈一体，才是正常的。之后孩子和妈妈的一体，都是病态共生。成为一体本是六个月之前的孩子的需求，现在却成了很多妈妈的需求。离不开孩子，把孩子照顾得无微不至，到孩子真正成年了，又抱怨孩子长不大。不是孩子长不大，而是妈妈没有真正给孩子成长的空间。爱，就像一条绳索，把孩子牢牢地捆住了，刚开始他可能还会挣扎，试图从中逃脱出来，但逃不了。时间长了，孩子就麻木了，任由绳子把自己捆成一个没有行为能力的人。

我对这位母亲说："你现在抱怨他长不大，你知道他内心又有多少自卑无奈无助呢？他从来是为你而活，没有活过真正的自己。别再用你的爱绑住他了，给他松绑，放开他吧，让他做他自己。或许以他现在的年龄开始学习做自己，打理自己的生活太难。但无论如何，只要开始，永远不晚。他已经失去自己很久啦，该让他回归那个原本的自己。"

所有爱孩子的妈妈们，请别用爱去绑架你的孩子，放开他吧！

不要用爱的名义去绑架你的孩子。

你敢这样教育我，我就报警

看到一个有趣的视频，一位母亲要求 6 岁左右的孩子吃饭的时候不能看电视，和孩子发生了争执，结果孩子把遥控器扔掉，妈妈非常生气，不让她吃饭。下面是母亲和这个倔强孩子的一段对话。

妈妈：想不想吃饭？

孩子：我不是跟你说了我要啊。

妈妈：你要吃饭对不对？那你知不知道你错在哪里？

孩子：你已经知道干吗还问我？

妈妈：我知道啊，但是你知不知道啊？我惩罚你不吃饭就是为了让你知道你错在哪里？

孩子：那你也不能这样啊。

妈妈：我怎样啊？

孩子：那你也不能这样欺负小孩呀！

妈妈：我是为了教育你走正路，把性格改好过来。

孩子：我的性格就是这样，没法改。

妈妈：你的性格没法改，你就不要做我的孩子。我家的孩子是乖巧听话的，只做妈妈的好孩子。脾气太倔强的孩子我不要的。你说我教育你的方式不对，那别人是怎么教育孩子的？你说来参考一下。别人的孩子怎么那么乖，我家的孩子怎么那么坏？

孩子：这就是性格，性格不能问。那好与坏又不是我自己决定的，是老天决定的，

妈妈：你的性格是老天决定的？你是妈妈生的，是妈妈教育的，是老师教育的，跟老天有什么关系。你说我教育不对，别人家是怎样教育的？

孩子：别人家就是跟他说，然后他就知道了。可是你就使劲骂我，这是不对的。

妈妈：那我现在是不是好好跟你说，我有没有骂你？

孩子：你刚才已经骂了我很久，打了我很久了。

妈妈：那你为什么要把遥控器扔掉？

孩子：因为你惹我生气啦！

妈妈：我跟你说吃饭的时候不要看电视，把电视关掉，你干吗扔掉东西啊？

孩子：那我怎么不能看啦？

妈妈：我说不能就不能。食不言寝不语，你听不懂啊？读《三字经》没用是吧?！老师教的没用是吧?！从明天开始不用读书，今天晚上开始不用吃饭。

孩子：你敢？

妈妈：我就是敢。

孩子：你敢我报警！

妈妈：你去报呗。

这是一段看起来非常有趣的视频，那倔孩子哭着和妈妈谈她的教育方式，看似很好笑，其实是值得我们家长们反思的。

我想很多家长可能也在这段视频中看到自己从前教育孩子的一些影子。这样的教育有没有效果？——妈妈说惩罚孩子是为了教育孩子走正路，把性格改好，可是孩子声称性格是老天决定的；妈妈说不听话就不要读书，不要吃饭了，孩子声称你敢这样做我就报警。

妈妈通篇振振有词，看似很有道理。可是对于妈妈这样的教育，孩子丝毫不为所动。这是一次失败的教育，妈妈看似强硬，其实很无助。

这样的教育为什么不被接受呢？因为这样的教育只有掌控没有爱。

我猜想，在这个孩子的眼里，妈妈是霸道不讲道理的。妈妈自始至终，没有说为什么不能扔遥控器，为什么吃饭时不能看电视。只是很强硬地惩罚孩子，很强硬地说“我说不能就不能”，这种霸道掌控的教育方式，孩子自然不服。

我还认为，孩子一定觉得妈妈不爱他。因为妈妈很明确地说“你的性格没法改，那你就不要做我的孩子。我家的孩子是乖巧听话的，只做妈妈的好孩子。脾气太倔强的孩子我不要的”。并且，妈妈还拿别人家的孩子与他比较，似乎更爱别人家的孩子。这传递给孩子的信息是——你乖，我才爱你，你不乖，我就不爱你。妈妈对他的爱显然是有条件的。

并且，孩子可能还会认为，妈妈经常责备他，说到做不到，其实妈妈的话也是不值得信任的。就像那位妈妈说“从今天晚上开始不吃饭，从明天开始不读书”，我们绝对相信她是做不到的。而这种做不到，其实也传递一个信息给孩子，原来妈妈说的也不一定做得到，所以她说的未必可信。

所以，在亲子教育中，只有掌控没有爱的教育方式是没有力量的。也许孩子小的时候，没有能力与你对抗，只能顺从你，但随着孩子年龄的增长，孩子会越来越在这种冲突中占上风。青春期叛逆的时候，很多家长开始发现自己没有能力与孩子对抗了。

教育孩子不能只是关注对错，是要在表达爱的同时建立规则。

如果我是那位妈妈，我想我可能：

首先，共情他的感受，也许他可能在看一部非常喜欢的动画片，我会告诉他，妈妈看自己喜爱的节目的时候也舍不得中途离开。

其次，告诉他到吃饭时间了，吃饭不能同时看电视，危害是什么。

再次，告诉他妈妈爱他，关心他的身体，所以不能让他看电视的时候吃饭。他如果继续看电话，就没有饭吃了；他如果现在去吃饭，吃完了还可以允许他看一会儿电视。让他自己做选择，按照他的选择执行。

我想当我们这样沟通，孩子也不可能扔遥控器了，也不可能报警啦！

在亲子教育中，爱比掌控更有力量。

教育孩子不能只是关注对错，而是要在表达爱的同时建立规则。

关爱：

每一个孩子，都值得您
充满深情地关爱

溺爱孩子就是宠爱自己

参加同学聚会，席间大家讨论到溺爱孩子的问题。大家讨论的焦点是同学小 A。小 A 带着 14 岁的孩子来参加聚会，母子俩在聚会期间的表现让人很受不了。

吃饭的时候，孩子旁若无人地在每盘菜里挑他喜欢的放在自己的碗里，小 A 也帮他挑着放他碗里。

吃完饭后，孩子要吃哈根达斯冰淇淋，小 A 给了 100 元，那孩子买了 3 种不同的冰淇淋球，各吃了几口，就拿来给妈妈说："你吃不吃，不吃我就扔掉了。"

孩子用着一个最新的 iphone7，在电话里和朋友说 iphone7 还是不错的，玩游戏速度好快啊。而小 A 的手机，是一款非常古老的华为。

吃完饭，我们在聊着天，小 A 对孩子说，我们聊天你肯定不爱听的，隔壁正好有一家阿迪达斯旗舰店，你去看看有什么适合你的，有喜欢的就买吧。说完，还给孩子一张银行卡。后来孩子买了一套衣服一双鞋，花了 2000 多元。而小 A 浑身上下，衣服加起来不超过 1000 元。

小 A 其实不是一个家境殷实的人，她只是做了点小生意，生活过得还不错而已。当她充满慈爱地让孩子做着这一切，甚至纵容地让孩子做这一切的时候，她根本看不到我们诧异的目光。

同学责怪小 A 说："你儿子怎么可以在酒桌上挑菜呢？而且你还帮儿子挑，这太过分了，你太溺爱孩子了。"

小 A 说："对不起，对不起！孩子还小，多原谅他。这孩子挑食，不给他吃合他胃口的东西，我担心他会饿着。"

我对小 A 说："你没有 B 同学那么有钱，怎么让孩子消费那么奢侈呢？"

小 A 说："我小时候家里穷，我啥也没有，没有玩具，没有零食，没有好看的衣服。爸妈更喜欢哥哥姐姐，不喜欢我，我的要求从未被重视、被满足。我现在努力挣钱，就是要让儿子过与我不一样的生活。过两年，我还要送他出国留学，我一切都准备好了。我没享受过的，我没体验过的，我一定要让孩子去享受一下，体验一下。"小 A 说这话的时候，一副大义凛然的样子。

我忽然理解了小 A，我对小 A 说："你心里住着个内在小孩——那个小时候没有满足的自己，那个记忆中缺吃少穿的自己，那个童年缺乏关爱的自己，其实你一直想满足她。"

小 A 若有所思地说，"是的。"

我继续说："我猜想，你一定想过，等我将来做父母了，我要怎样对待自己的孩子，对吧？"

小 A 说："是的，我真的想过，等我做父母了，我一定要给我的孩子富足的生活，我要让他有求必应，我要无条件满足他的任何要求。我爸妈没给我的，我都要给他。我要他以我为荣。”

我说：“是的，这是你心中理想父母的形象——无私，慷慨，无条件地爱你。这是你童年对自己父母的渴望，可是你的父母没有做到。现在机会来了，你做父母了，你的那个未被满足的内在小孩被你投射在现实中自己的孩子身上，而你变成你理想中的父母。你无节制地给予孩子，其实是在无节制地满足自己。”

小A听了我的话，一愣，说：“你是说我宠爱的不是孩子，而是我自己。”

我说：“是的，溺爱孩子的背后，就是宠爱自己。其实你给孩子的不是真爱，是自私的爱。自私的爱必然浇灌出自私的花朵。你儿子现在已经有端倪了。你看他不顾其他人感受在桌上挑菜；你看他买冰淇淋不是先问你吃不吃，而是吃不下了再问你要不要；你看他小小年纪，挥霍你的钱财毫不在意。这种自私，一定会给他未来的人际关系和发展带来障碍。”

小A若有所悟：“听起来有点道理，也有点可怕，我得好好想想。”

天下没有不爱孩子的父母，但付出的未必是真爱。真爱孩子是重视孩子的成长与未来，而不只是重视他当下的满足和需求；真爱孩子不是借着宠爱孩子的名义，去满足那个童年时未被满足的自己。

真爱孩子是重视孩子的成长与未来，而不只是重视他当下的满足和需求。

这个世界，你最贵

一闺蜜让我带她去买衣服。我带她去了我常去的那家服装店，由于我的推荐，她买了两件衣服和一个包包，再加上一件内衣，消费了一万多元。衣服她穿得很漂亮，她也很开心。

但是她说花这么多钱买衣服她有些忐忑，这不是她的消费习惯，是在我的鼓励下才这么做的。她来听我的课，原本以为她会穿上新衣服，但她没穿。我问她为什么没穿新衣服？她说出门的时候犹豫了一下，有点舍不得穿，所以就放下了。

我又问她，昨天新衣服带回家，家人反响如何？她说老公说挺好看，但她80岁的老母亲情绪激动，认为她买这么贵的衣服，不值得。她补充说，如果哥哥花这么多钱买衣服，妈妈一定不会觉得贵，妈妈常常嫌弃哥哥买的衣服便宜。

闺蜜是一个海归，自己生意做得不错，不缺钱，也很舍得在家人和儿子身上花钱。儿子读研究生，平均每月消费1万，买笔记本电脑6万多，买一个耳机8千多。当儿子有任何需要的时候，她二话没说，钱马上花出去了，花得很开心，一点儿都不觉得心疼。但她却很舍不得花钱在自己身上。她问我："你说我为什么对儿子一掷千金毫不犹豫，可是为自己稍微多花点钱却舍不得？我也不缺这点钱，你说为什么呢？"

我告诉她，舍不得花钱在自己身上的女人有两个很重要的内在动因。

一是不够爱自己。虽然渴望并认同物质目标，但一旦获得它们，你想到的不是满足自己的物质欲求，而是满足孩子的需求，别人的需求。与其说你是满足儿子的消费目标，不如说你通过满足儿子的消费目标在满足自己。

二是认为自己没价值。在经济条件允许的状况下，渴望买昂贵的衣服，又舍不得买，也常常是因为低价值感，是认为自己不配。潜意识里认为自己只配穿相对廉价的衣服，配不上那些衣服的高贵，对自己缺乏尊重与价值认同。

她问我："你说得有道理，那么我这些观念来自于哪里呢？"

我告诉她，这观念常常和原生家庭有关。

不够爱自己的人，常常是在原生家庭中没有得到足够的爱的滋养的孩子。因为被父母忽略，缺乏关注，没有感受到爱，通常会不懂得爱自己。这种不爱自己的孩子长大后，眼中关注的都是父母孩子丈夫及其他的需求，常常忽略自己。

通常自我价值感低的人也和原生家庭有关。就像案例中的老母亲，她嫌弃闺蜜买的衣服贵，但却认为闺蜜哥哥买的衣服便宜，这是她根深蒂固的重男轻女观念使然。

今天的你，必须自己爱自己！今天的你值得拥有富足、丰盛、美丽，高贵的人生！其实穿昂贵的衣服，贵的不是你的外表，而是你对自己的尊重和认同，贵的是你的心灵。买昂贵的衣服装扮自己，代表着你对自己的呵护与关怀。如果你的理想是做精致高贵的女人，那么从今天开始，就用贵族的心态引领我们的生活。因为我们是值得被爱的，我们是值得拥有这一切的。

所以，别说衣服贵——这个世界，你最贵。

做好一个母亲，首先要学会：爱自己，尊重自己。

你和孩子有心理界限吗

女儿听听和同事程老师的女儿笑笑都在杭州学画画，我们为她们租了一套房子，让两个女孩儿住在一起。

有一次，我们一起去看女儿，然后 4 个人一起逛街吃饭。逛街时，听听提出我们两对母女分开逛，她喜欢和我单独逛。

程老师是我的好朋友，我觉得对程老师说这话有些尴尬，也觉得一起逛着比较热闹，就试图说服女儿，说还是大家一起吧。

听听非常坚持，她自己主动找程老师说："阿姨，待会儿我们分开逛街哈，回去的时候，再打电话约。"程老师也愉快地答应了。

那一天，我们都过得很愉快。

我突然对听听心生佩服，以她 17 岁的年纪，能厘清人与人之间的边界，既能保持良好的关系，又能和而不同，保持自己的独立人格，这种平衡是需要大智慧的。

我反思自己，在以往的人际关系中，常常陷入依赖的陷阱，很多事情，没有原则，没有主见，不敢做主，对朋友不敢说不，虽然做出很多妥协和让步，但最后不但令自己委屈难受，事情的结果也常常不尽如人意。

后来才明白，不能厘清人与人之间的界限，没有选择能力，人格是不够独立和完整的。所以这些年来，修炼自我人格的独立和完整，是我一直以来最大的功课。

我想很多人可能和我一样，其实这不是我的问题，我想之所以我会如此，除了性格之外，更是文化使然，是父母教养使然。

费孝通在《乡土中国》中说过，中国是关系本位的社会。中国人的家庭关系是紧密和黏稠的，是相互依赖的，经常只有“大我”而没有“小我”，这种文化导致的是人与人之间界限模糊，缺乏人际心理边界。

更重要的是，在这种文化背景下，父母和我们是没有边界的，从小到大，我们都几乎没有任何做主的机会。从生下来开始，父母那只掌控的大手，似乎无处不在。

小时候，吃什么穿什么？父母做主！吃多少，父母决定。很多父母会参照科学养育指南喂养孩子，吃不下去，就撬开嘴巴喂下去。

上学之后，到什么学校读书，读大学选择什么样的专业，父母做主！因为他们觉得你不懂。

毕业后，找什么样的工作，找什么样的男女朋友，也是父母做主！因为他们比你有经验。

也不要以为，结婚后就没事了，结婚后怎样和老公（老婆）相处，生几个孩子，生了孩子谁来带，怎样喂养，还是父母做主。

这种边界模糊的亲子观念，必然在教养中呈现。

很多孩子都有这样的经验，妈妈出门叫你多加一件衣服，你说不冷，不用，妈妈说你必须穿上，会冻坏的。妈妈这种感觉边界的模糊，导致最后你就不得不穿上了这件不需要穿的衣服。

越来越多的事情让你知道，你说“不”是不管用的，于是慢慢地，你不会选择了，因为你知道，你的选择是无效的。

很多父母都有这样的经验，让孩子收拾自己的东西，孩子答应后老半天就是不行动，于是父母生气了，一边骂一边自己收拾。这是事情边界的模糊。本该是孩子的责任来收拾，可孩子知道父母会忍不住来干的。会有越来越多的事情向孩子证明，孩子是可以不负责任的，于是孩子慢慢地学会了不负责任！

记得赵本山有一个小品里有这样一句话：“你打小归父母管，长大了归老公管，啥时候也自己承包一段，自己说了算。”现在可以承包的那一天终于来了，我们却不知道该怎么选择了。或是选择了，也不知道该怎么负起责任来了！

所以，我觉得现在的父母，在教育孩子的过程中更大的挑战不是来自于爱，而是来自于爱的边界。尊重孩子说的“不”，也让他们学会尊重别人说的“不”，把选择的权利还给孩子。即使孩子抗拒、质疑、逃避，也要清晰事情的边界，温和坚定地让孩子对自己的事情负起责任来。尊重边界，放手更大的空间给孩子，这样才能给孩子成长和独立的机会，才能养育出有信心，对生活有控制力的孩子。

要是妹妹死了，就好了

同学聚会在张梅家，张梅有两个孩子，一个9岁男孩，一个3岁女孩，大家都在羡慕夸赞张梅有两个可爱的孩子。

有人开始逗着那个男孩，问："你喜欢妹妹吗？"

那男孩突然露出一脸嫌恶的表情说："我好讨厌我妹妹，我真希望她死掉，我好想杀了她。"

当孩子这么说的时候，她妈妈在旁边听得非常愤怒，对孩子说："你怎么可以说这样的话？你怎么可以有这么恐怖的想法？你妹妹那么可爱，你要爱她才对。我告诉你，这次就原谅你了，下次再这么说，我要揍你。"

那男孩丝毫不受威胁，对着他妈妈说："就说就说，下次还要说，妹妹就是个讨厌鬼，她要是死掉就好了！"

愤怒的妈妈冲过去，打了那男孩一巴掌，男孩哭着跑回自己房间去了。

我责备张梅说："你不该这样打孩子的。"

张梅还是非常生气地说："这孩子就是欠揍，每次都说这些，不打不行。"

我说："你自己想想，你这样打他骂他，对他和妹妹的相处有没有帮助?"

张梅摇摇头说："我也知道，真的一点帮助都没有，有时候还会令他们关系更糟。但你说我该怎么办呢?"

我说："你只需要做一件事情，就是倾听并肯定孩子的感受，也许结果就不一样了。"

后来，我到了男孩房间，和男孩聊有了妹妹给他生活带来了什么变化。男孩在半小时的时间里，用咒骂和尖叫的方式，描述了妹妹让他难以忍受的种种行为，比如抢玩具，他在做功课的时候捣蛋等等。

男孩又再次毫不掩饰地表达了自己对妹妹的强烈怨恨，并讲述了自己要杀妹妹的暴力幻想，不过他同时发誓说，这只是幻想，不会真的对妹妹怎样的。

事实上，他真的想要做的是离家出走，因为他真的无法和妹妹待在同一个屋檐下了。最后，他哭着说出自己内心的沮丧和惊慌："我真不明白，我好好的，他们为什么还要生下妹妹，妹妹来了，把我的人生都毁了！如果爸爸妈妈爱我，就不应该要妹妹。"

在这个过程中，我耐心地倾听着他的感受，表示理解说："我知道和自己不喜欢的人相处是什么感觉，我以前曾有过类似的感受，想把妹妹故意遗失在广场，不让她再抢夺爸爸妈妈的爱了。但最后，我和妹妹还是过着愉快的生活。"

我同时问他："我知道你对妹妹有很多的不满，可是妹妹已经来了，这种状况已经没法改变了，那你该怎么办呢?”

他说：“其实也没什么的，我只是生气的时候说说罢了，不会真的怎样的。现在跟阿姨说说，我舒服多了。”

这时候，妹妹在门口用稚嫩的声音说：“哥哥，能不能再教我下棋?”

他立刻起身，对我说：“阿姨，谢谢你，我要去教妹妹下棋了。那个笨蛋，教了她很多次都不会。”男孩带着几分骄傲和宠溺的神情被妹妹拉走了。

其实这是许多有两个孩子的家庭常常发生的故事。也许我们该多理解很多大孩子的愤怒：一个人享受独自受宠的生活，突然冒出一个竞争对手，这种爱被剥夺的感受是可以理解的。

孩子偶尔冒出一些极端的话，其实是对父母的提醒，想要引发父母的关注。如果我们只是用批评、否定和惩罚的方式来对待他，这可能会让他更加痛苦，让他受到排挤的感受会更加深刻，最终也有可能发生很可怕的事情。

对于孩子的极端表达，如果你没有别的方法，也许你只需要做一件事情，就是倾听和肯定他的感受。倾听并肯定他的感受并不代表你支持他使用暴力，你只是支持他表达自己的情绪。你的支持，最终会使他减少暴力倾向，令自己变得更加理智。

因为倾听也是爱，倾听中有关怀。

对于孩子的极端表达，也许你只需做一件事情，就是倾听并肯定他的感受。

凭什么我要让着妹妹

到朋友小莲家去做客。小莲4岁的女儿突然哭着跑来找妈妈告状，说哥哥不借玩具给他玩。小莲立刻把女儿搂在怀里，哄着："不哭不哭，妈妈帮你找哥哥要哈。"接着就大声把小辉叫来说："妹妹要玩你的玩具，你就让她玩一下呗。你是哥哥，要让着点妹妹哦！"可是哥哥很生气地说："凭什么每次我都要让着她，这太不公平啦。"但这位心疼女儿的母亲，还是连哄带骗，最后成功地让哥哥把那个玩具让给妹妹玩了。那小女儿拿到玩具时，也破涕为笑了。

事后，我与小莲讨论这件事情，我认为小莲处理欠妥，因为这种处理方式，让两个孩子都受伤。

哥哥会受伤是因为，被父母强制要求让着弟弟妹妹，通常会让他们有一种感觉，自从有了弟弟妹妹，他们就不被待见了，爸妈爱弟弟妹妹胜过爱他们。于是他们会失落难受甚至愤怒。

妹妹会受伤是因为，被家长庇护的孩子，此刻是幸福的，当她想要什么的时候，妈妈会帮她实现愿望，然而长久下去，这会让她变得自私自我。当孩子长大了，没有妈妈帮忙，她可能会不懂得如何处理她自己的人际关系，影响她未来的健康心态。

同时，这种处理方式还会影响到这对亲兄妹的关系。许多家庭中老大老二关系不好，常常与父母亲无原则地庇护更小的孩子有关。大的孩子常常会把这种委屈难受甚至愤怒的情绪发泄在这个更小的孩子身上，让矛盾激化导致兄妹关系恶劣。

想起很早以前的某一次周末，我们几个好朋友带着孩子一起野餐。大人聊天，几个还没上学的孩子在不远处玩耍。突然，张丽的女儿跑到妈妈前委屈地说："妈妈，玲玲姐姐不让我玩飞机。""宝贝儿，去同姐姐好好协商一下。"张丽亲了亲孩子说。她女儿一边跑向小伙伴一边高叫："玲玲姐姐，妈妈说，请你让我玩一下。"小小年龄已学会假传圣旨，把大家都逗乐了。可过了一会儿，她又红着眼睛，嘟着嘴回来了："妈妈，玲玲姐姐还是不让我玩。"张丽把女儿搂进怀里："宝贝，再去同玲玲姐姐协商一下，妈妈知道，你一定可以做到的！"孩子又跑回去了。这时候，我们都在观察她，发现她先是在那里平静地看着别的小伙伴玩飞机，但过了一会儿，她用很平和的语调问："玲玲姐姐，我能玩一下吗？"玲玲看了看她，说："你可以玩3分钟。"孩子很高兴地接过飞机，说："谢谢姐姐，我先玩3分钟，然后轮到你。"那一刻，我们看到那个孩子满脸的喜悦。

这是一位有智慧的妈妈，当我们赞美她很会教育孩子的时候，她说："这没什么，只要你相信每位孩子都是自己解决问题的高手，敢于放手，奇迹就会发生。"

好像真的如此。想起女儿听听三岁的时候，在奶奶家也曾经发生过这么一幕。听听喜欢上他堂哥钟爱的一个玩具，可是哥哥不给她玩，她就找奶奶告状。宠爱孙女的奶奶当下立刻就要下达让哥哥把玩具给妹妹玩的指令，被我即刻阻止。我对听听说："那是哥哥的玩具，哥哥有权利不给你玩的。你想玩，可以去跟哥哥好好协商哦。"听听于是去和哥哥商量，可是没有成功，她很沮丧。

那天，我带她去超市的时候，她又像往常一样，要求买了一罐木糖醇口香糖，可是没有像往常一样，买完单后立刻打开吃，而是把它揣在口袋里。我问她今天为什么不马上吃呢？她说等一下再吃。

回到家，我看见她走进哥哥的房间，过一会儿就抱着那个变形金刚玩具出来了。我很好奇地问他："怎么哥哥愿意给你玩了？"她扬起小脸，很骄傲地对我说："哥哥也喜欢口香糖，我那整罐口香糖都给他吃，他于是同意借我玩三天。可是我要求玩五天，最后哥哥同意了。"

看，三岁小女孩，不但实现了自己的玩具目标，而且学会谈判了！同时因为这件事情的小成功，也会令她在未来面对挫折，处理人际关系时增强信心，多好啊！

所以，通常当孩子们在游戏中产生矛盾时，家长们不用兴师问罪，也不用拔刀相助，尽量放手，鼓励孩子们自己处理。要以信任为基础，相信他们能把事情处理圆满。并以爱为出发点，不剥夺让孩子们解决问题的机会。

每个孩子都是解决问题的高手，敢于放手，奇迹就会发生。

让孩子做心灵贵族

12+父母成长公益项目第一个月，我要求参加项目的家长必须每天为孩子做一件他喜欢的事情，每天晚上在群里分享感受。我们作为专家，也会在群里进行指导。

李女士在晚上分享时说："今天回到家，给儿子一个大大的拥抱，给了老公一个小拥抱。儿子拉着我说悄悄话，说真爱我的话就给我买一件白衬衫，因为他很喜欢杂志上型男穿的白衬衫。如果是以前，我会拒绝。但今天，我同意了，还跟他讨论什么款式的白衬衫好看。但说实在的，我还是很不情愿，而且也有些疑问，这样无条件答应孩子的要求会变成溺爱吗？"

我的回应："不是无条件无原则的满足就是爱，爱不是贿赂讨好，而是真的感受到他的渴望，从满足他的过程中感受到快乐，且对他的未来无害。买衬衫不是什么大事，能令他当下快乐且对未来无害，大可以满足他。

如果我是你，我会告诉儿子，买衬衫不是为了秀真爱，我对你原本就是真爱，买衬衫是因为能令你开心是妈妈最快乐的事情。”

李女士后来跟我说，衬衫给孩子买了，孩子真的很开心，只是她很困惑，真的需要这样吗？她问：“真的对儿子的要求要有求必应吗？他得寸进尺怎么办？那到底该满足哪些要求呢？什么标准呢？”

我告诉他，标准就是让孩子可以感受到爱与快乐，将来不会因为曾经的匮乏盲目购买，不会因为曾经的羞愧感盲目囤积，让他将来能更优雅理智地做选择，做心灵上的贵族。

首先不要让孩子有匮乏感。曾经有位非常富有的家长来咨询，说他孩子有到家里偷钱、到超市偷东西的癖好，父亲特别生气也特别不理解，说家里这么富有，不知道他为什么这样做。我询问之下才知道，家长为了养成孩子节俭的习惯，不但自己不给零花钱，而且也严禁爷爷奶奶给，这位14岁孩子太想拥有自己可以自由支配的资金，于是就产生了上述行为。和这孩子沟通的时候，其实他不知道自己需要钱干什么，也不知道自己为什么要偷那些东西，只是想要这么做。物质匮乏感越强的孩子，占有欲越强。他可能想买很多东西，盲目囤积，但其实不清楚自己真正想要什么。

其次不要让孩子有羞愧感。很多家长不愿意痛痛快快地给孩子买东西，给孩子花钱的同时反复强调金钱多么来之不易、要珍惜东西不可以浪费等等，让孩子产生花钱的愧疚感，对金钱的概念也因此变得沉重。这样的孩子即使需求满足了也不会快乐。

其实要让孩子成为心灵的贵族很简单，就是满足孩子的合理需求，让他感受到爱与快乐。但需求是否合理，应站在孩子的角度而不是家长的角度去考虑。如你认为家里有很多衬衫，再买就是溺爱了，而孩子可能认为家里经济条件足够而要求又不过分，你拒绝他就是不爱他。有些时候，孩子提出的在我们看来有些过分的要求，其实如果你愿意去探询，也有其合理性。我女儿有一次提出买一盒800元的铅笔画画，而一般20支铅笔只需几十元，所以我认为这是不合理要求。我对她说初学画画，不要买那么高档的铅笔，最多买一百多元的就可以了。但她态度很坚决地说："我知道你不会为我花那么多钱的，你告诉我你愿意出多少，剩下的钱我自己从压岁钱里出。"我初始认为她这么执着的要求是因为虚荣，是因为这铅笔是名牌，可以向同学炫耀，就问她："为什么一定要买这么贵的呢？到底和那些便宜的铅笔有什么不同呢？"她拿出两只不同品质的铅笔，画了几笔给我看，给我解释这两种线条的感觉差异，还给我解释宫崎骏那些动漫作品笔触细腻的地方，一般用什么笔，她说她就想要这种美好的感觉，她要用好的铅笔才能画出来。她在说这话的时候，眼睛放着光。虽然我其实没有看懂她解释的不同笔画出的线条的差别，但她描述的那些美好感觉深深地打动了我。我当时就说："原来这铅笔对你这么有意义，妈妈给你买了，不用花你的压岁钱。"还记得她后来描述这件事情的时候，她表达的是："连800元的铅笔你都买，我同学都羡慕死我了，她们很好奇说为什么我妈妈不担心我被宠坏呢！"从女儿愉悦的表达中，我知道我这800元花得物超所值，因为买到了爱与心灵的富足。

当你能满足孩子的合理需求，同时让他没有匮乏感，没有羞愧感的时候，他就是心灵贵族，你根本就不用担心他提要求得寸进尺，他会笃定自信地做出理性的选择，很有主见地提出自己的要求，而且会享受需求被满足的快乐。他内在的富足，会使他更从容地过自己的人生。精神分析心理学说，父母好比孩子的程序员，你在孩子成长期给孩子潜意识写入的是匮乏与沉重，他的未来就是贫穷的；你给孩子注入的是富足，孩子的未来就是丰盛的。

我的努力
为什么没有好结果

这是一位懊悔的妈妈讲述的故事。

"我对孩子照顾得无微不至，什么都替孩子准备好，为的是让孩子安心学习，可以考个好大学。我每天到点叫他起床，按时准备好三餐，每天早上出门前，衣服鞋帽都准备得妥妥的。当然，我对孩子的管理也很严格，我们家没有电视电脑，手机也都是只能打电话的，所以孩子一直也挺乖的，但考大学考了两年才考上。这也不要紧，但令我痛苦的是，好不容易考上了大学，他就深陷网瘾中不能自拔，居然连上课都不去。你说怎么办?"

我问这位妈妈："看起来孩子的生活都在你的掌控中。那孩子在生活中是否体谅你呢?"

这位妈妈说："也有这样的时候。曾经在做饭时，孩子说，让我来帮帮你吧！我说，不用啦，你安心学习吧！我洗衣服时，孩子说，妈妈，我来帮帮你吧！我说，不用了，你安心学习吧！孩子对我说周末想和同学们一起去玩Cosplay，我说，你哪有时间啊，你要安心学习哦！因为我当时觉得学习最重要，考上一个好大学最重要，所以，只要我可以做到的，决不让孩子动手。”

“不过，老师，说实在的，我后来也确实感到一些问题。孩子高考完，效果不理想，在家准备复读的时候，我让他好好准备明年的考试，孩子说好不容易考完，就不能喘息一下吗？我让他帮我做做家务吧，孩子又说不会。我让孩子出去找朋友玩玩吧，孩子又说没有朋友。

“那时候，我隐约觉得有些问题，但也没多想。他在复读的时候，我还是一如既往地替他打理好一切的生活起居，这一年终于考上了。可是我没想到的是，进了大学以后，他根本不读书，不是玩手机就是上网，并且已经完全沉迷进去，连正常的课程都不去上了，你说怎么办啊？我这么辛苦，为什么没有好的结果呢？”

这是我听到的一个常见又真实的故事，故事的主人公在现在的中学生及其家长中随处可见。对于现在的家长，花多少钱无所谓，最重要的是可以给予孩子包揽一切的支持。可是遗憾的是结果常常事与愿违，孩子并没有如我们所愿成长成才。

这位家长继续哭诉：“你看为了他，我放弃了很多，放弃了许多再婚的机会。为了离他上课地点近一点，放弃了很好的工作，可是最后结果怎么能这样呢？老师你总是对我说，要给孩子无条件的爱，我已经给了呀，为什么没有好结果呢？难道我对他还不够好吗？”

我回答说：“你给了爱，但不是真爱！因为你给到的包揽一切的支持只是爱了现在，而忽略了将来。真爱的标准是如何让他未来过得更好。而你用爱的方式，制造了许多他成长的障碍！”

这位妈妈迷惑不解地问：“障碍，怎么可能？”

我说："至少你讲的故事中，你制造了孩子的三大成长障碍。

"第一，自理能力。他在你身边的时候，一些正常的家务学习其实也是在为未来离家做准备，他终有一天要离开家上大学，那时候，你不能为他煮饭洗衣打理日常生活起居，如果你现在不教他，当他面对一个新环境的时候，他不但要适应新环境，还要自己摸索如何打理生活，这是不是障碍？

"第二，社交能力。他在你身边的时候，如果你让他多交些朋友，在和朋友相处时有问题也可以和你探讨，有些情绪也可以即时得到梳理与宣泄，将来离开你，单独去面对新朋友的时候，就会因为有经验而显得更轻松。而你因为学习，甚至断绝了他和同学一起玩，一起交流的通道，所以将来，他可能不知道怎样与人相处，可能会因为人际关系问题带来障碍。

"第三，自律能力。在家，你是他最大的依赖，也是最高控制者。你打理好他的一切，什么时间吃饭，什么时间学习，每一天穿什么吃什么都是你做决定。你让他把所有精力都投入到学习上，他不得不听从，在爱的高压下他没有自主权。当离开你去读大学的时候，自主的时刻到了，他就不知该如何自主啦。原来不让他玩电脑，玩游戏，现在没人管了，可以疯狂玩了，这其实也是很多乖孩子最后会沉迷网瘾的原因。"

其实，家庭是一个教育场，每时每刻都在对孩子进行着潜移默化的教育。教育是讲究方法的，不是看你多努力，多付出，而要看最后有没有结果。最重要的是要赢在终点，而不是赢在起跑线上。

家庭是一个教育场，每时每刻都在对孩子进行着潜移默化的教育。

过度关爱是伤害

我们提到，鼓励孩子做自己的第三大技巧是不要问孩子太多问题，不要问得太细，比如跟同学一起去玩，最好不要问和谁在一起玩，玩了什么等等之类的话。于是有家长问：“但是不问那么仔细的话，我怎么知道他跟谁在一起玩呢？玩了什么呢？是不是去网吧呢？这个年龄段交友很重要，对他影响很大的。”

我很能理解这位妈妈的感受，怕孩子交了不合适的朋友，怕孩子去网吧荒废学业，怕孩子沉迷游戏上瘾，怕自己不能及时给予适当指导……总之怕孩子犯错。

可是处在青春期的孩子，他的主导需要是尊重与社交需要，他们渴望同龄伙伴，渴望独立自主。所以他们常常不愿意家长管得太多。

家长担心孩子犯错，孩子不愿意父母管太多，正是因为这种冲突，常常导致这个年龄段的孩子，反对甚至反抗父母过度关心。如果我们真的去问的时候，未必能得到我们想要的结果。如果你问的只是偶尔一次，恰巧孩子心情好，也许孩子会轻描淡写地告诉你，和谁去玩，到了哪里。可是你如果屡次三番地问，孩子就可能嫌你唠叨，嫌你烦，或者直接告诉你，他已经长大了，请给他自己一点空间；或者用沉默来抗议。所以，过度关心很多时候并非明智之举。

首先，过度关心易形成孩子的自我中心。父母对孩子的生活细节事无巨细的关注，容易形成自我中心的人格特质。他知道父母生活的焦点与重心就是他，所以稍有不顺心便乱发脾气。在家爸妈会包容，可是出去同学朋友陌生人不会。如把这种特质带到他的社交场合，会带来人际关系的紧张，随之而来的是脆弱的抗压能力和受挫能力。

其次，过度关心容易形成孩子的依赖人格。去哪儿玩，和谁玩，能不能去玩父母都干涉，生活中很多事情都是由父母决定，反正他也做不了主，也没有机会做主，所以将来他干脆不做主了。现在可能是能不能出去玩，去哪儿玩，跟谁玩，玩什么你都替他把关；将来可能是读什么大学，选什么专业，要不要出国，要不要读研究生，谈什么男女朋友，和什么人结婚，都由你来拿主意，否则他就无所适从。

第三，过度关心让孩子失去思考力。在我们无微不至的关怀下，孩子碰到问题不愿意思考。而我们总是希望能给到孩子标准答案、正确答案，希望孩子少走弯路、不走弯路，不鼓励孩子别出心裁。久而久之，你问月亮像什么，答案总是小船或圆盘；你问树上十只鸟，开枪打死一只，树上还有几只，答案永远是一只都没有了；你提起“龟兔赛跑”，结论恒等于骄傲使人落后。我们在鼓励孩子听话服从的同时，却不鼓励孩子自己做决定，其实也剥夺了孩子思考的机会。

其实家长关心孩子去哪玩，和谁玩，担心孩子犯错，当然是为孩子好，但有些错误，是需要孩子自己去体验的，体验了，下次就不会再犯了。有的家长怕孩子犯错误，就提前告诉孩子该怎么做，给孩子把每条成长道路都铺平，这对孩子的成长是不利的。小时候没有经历过挫折的孩子，长大后可能会更加受不了外界的打击，更容易向困难低头。所以家长对孩子的教育，要平衡爱及严宽相济的教育方式，要适当放手，才能让孩子真正做自己，才能让孩子自己有能力去开创美好的未来。

过度关爱是伤害：易形成孩子的自我中心和依赖人格，让孩子失去思考力。

我五岁就知道妈妈不爱我

在青少年成长训练营中，当我问孩子们“你觉得爸爸妈妈爱不爱你”时，18 岁的男孩丁丁举手说：“我五岁时，就知道我妈不爱我!”

我认识丁丁的母亲，她就丁丁一个独生子，每次谈起这个儿子时，她的眼神总是充满骄傲。我和她妈一起旅游，每到一个旅游点时，她首先惦记的是怎样买一件符合儿子心意的礼物，若没买到合适的，整个旅游过程便都没有心情。就这样一位妈妈，怎么可能不爱自己的儿子呢?

我问丁丁：“为什么五岁就知道妈妈不爱你呢? 五岁时发生了什么让你有这种感觉?”

丁丁告诉我，五岁时曾经发生了一件事让他直到现在还记忆犹新。

丁丁妈是一位收藏家，家里有一个房间放着许多她收集来的古董，那个房间妈妈特别珍爱，从小就对丁丁说："这个房间你不许进去，不听话，我会打人的。"

五岁的丁丁对这个房间充满好奇，有一次趁妈妈不在家的时候，偷偷溜进了这个房间，想看看这个屋子里有什么宝贝。看到一个有可爱图案的古董盘子，就拿起来把玩，一不小心，只听到"啪"的一声，盘子掉在地上，碎了。

后来才知道，这个盘子当时价值2万多元。妈妈看到这一切，非常愤怒，对着丁丁咆哮，并且把丁丁赶出家门去，对他说："你这个不听话的孩子，我不要你了。"

丁丁还记得那个晚上在外面拼命地哭着拍打房门，妈妈就是不开门的情景。据说直到丁丁哭累了，坐在家门口睡着了，妈妈才把他抱回家。

丁丁说，那一刻，五岁的他，明白了一件事情：原来妈妈爱那个盘子胜过爱我，原来妈妈并不爱我。

我还清楚地记得训练营中的那一幕，当我们帮丁丁梳理分析他记忆中与妈妈互动中的许多片段，让他真正明白，妈妈其实是爱他的时候，他站在讲台上，突然放声大哭，哭得很大声很畅快，边哭还边哽咽着说："我其实很开心，原来妈妈是爱我的，我真的很开心……"

我知道，那一刻，他开心是因为真的感受到妈妈的爱了，他流泪是为这十几年来生活在没有感受到妈妈爱的世界里。

之后，我对丁丁妈说："我终于明白为什么你老觉得儿子对你很冷漠，总是觉得和儿子很难亲近，原因就是因为丁丁觉得你不爱他。"

丁丁妈妈辩驳说："我怎么会不爱他？他是我唯一的儿子，我不爱他爱谁？你看我对他多好！"

我说："付出的不是真爱哦，让他感受到的才是！"

丁丁妈妈后来说："我就不明白，小时候感受不到妈妈的爱，是因为不懂，以为妈妈打他是不爱他，这我还能理解，难道长大也不懂吗?"

我说："长大后不是不懂，是看不到了。因为丁丁就是抱着'妈妈不爱我'的信念长大，当你对他好的时候，他觉得'妈妈也会假惺惺地做一些讨好我的事情'；当你和他有矛盾冲突时，他会觉得'这就是妈妈的本性'，所以妈妈对他做再多爱的表达，他睁着眼睛也看不到了。"

当家长对幼年的孩子采取不合适的惩罚性措施，不当的教育手段，可能让孩子一生都处在爱的匮乏中。

爱是一种能力，是需要学习的，付出的未必是真爱，让孩子感受到的才是。这个世界从来都不缺爱，缺的是付出爱的智慧，感受爱的能力。

付出的未必是真爱，让孩子感受到的才是。

“作业做完了没有”是爱吗？

我曾经问过许多孩子同一个问题，那就是，印象中，父母对你说得最多的话是什么？很多孩子都告诉我是——“作业做完了没有”。

“作业做完了没有”，似乎是现在家长们最关心的问题。在孩子回到家想歇息一下的时候，在孩子刚拿起手机想要看一下有谁留言的时候，在孩子很开心地描述学校里发生的各种有趣事件的时候，这句话总是会大煞风景地出现。

很多父母以为这句话是对孩子表达爱与关心，他们说：“我是你爸妈我才关心你的作业，别人才懒得关心呢。”

而很多孩子对我说：“这哪是爱呀，这是不理解我们的辛苦，是压力，是把我们往死里逼。他们爱的是我的作业，是我的成绩，而不是我。”

所以我们常常可以看到孩子有一些对抗，有的会直接表达反感说：“你就不能让我喘口气吗？”有的勉强回应说马上做，但磨磨蹭蹭就是不行动。有的不吭声，默默地回屋做自己的事情。

换位思考，如果你累了一天，回到家，正想歇息一下的时候，老公过来问你，饭做好了没有，你是不是也会抱怨他不理解你，不懂你，不爱你呢？

孩子们不是学习机器，一天的学习非常辛苦，回到家，他们需要的是真的关心与爱。如果妈妈问他：“回来了！累了没？喝杯水休息一下。今天在学校开心不开心啊？”他们会感受到放松和温暖，孩子们会因为父母的这份理解和爱而对自己有要求，变得更加努力。

对自己没有要求的孩子，常常不是活在缺爱中，就是活在溺爱中。很多时候，常常不是孩子不愿努力，而是家长们没有爱的能力。所以，家长朋友们，不要总是关心孩子飞得高不高，也关心一下孩子飞得累不累吧！

对自己没有要求的孩子，常常不是活在缺爱中，就是活在溺爱中。

与别人家的孩子做朋友吧

地铁上两个母亲带着两个孩子一起回家，她们看来非常熟悉，好像是刚刚在地铁偶遇，见面非常亲热，从她们的交谈中我知道一个叫李老师，一个叫方会计。她们一番寒暄后就开始问及彼此孩子的学习成绩。方会计说："看你家儿子这么乖，学习成绩怎么样啊？"

李老师一脸沮丧地说："你怎么哪壶不开提哪壶啊，一说就说到我的痛处了。我儿子成绩不知道多糟糕，你看都初三了，所有成绩加起来还不够300分，哪像你家孩子，每次都考前三名，要是生出你家这样的儿子该有多好啊。"说的同时，还拍拍自家儿子说："啥时候你也能像明明那么争气呢！"

而方会计听了这些话后，马上谦虚起来："哎呀，哪里哟，你是不知道我儿子哦，除了学习成绩好一点，其他什么也不会，不会照顾自己的生活，不爱运动，也不懂得与人交往，将来读大学了怎么办哦。看你家辉辉多阳光啊，篮球又打得好，又体贴人，我上次在过道上，看到你儿子帮你背着一袋米，不知道多羡慕呢。”然后又回过头去对儿子说：“儿子啊，你啥时候能像辉辉那样体贴妈妈，我就知足了。”

我关注着明明和辉辉的表情，两人同时都做了一个动作，把头撇向远离母亲的那边，一副很不屑的样子。

我似乎听到这两个孩子内心的声音：“你爱找谁当儿子找去啊，我才懒得向他学呢!”

这一幕和类似这一幕对于很多父母可能都不陌生，许多父母在自己家的孩子面前谈起别人家的孩子，都是毫不掩饰地表达羡慕嫉妒恨，而讲起自己家的孩子时，都是一把辛酸泪!

怪不得有人说，在茫茫宇宙之中，存在着一种神奇的生物叫作“别人家的孩子”。这个“别人家的孩子”方方面面都很优秀，不仅成绩优异，性格温婉，琴棋书画样样精通，而且考得上一流大学，读得了研究生、博士生……总之，完美的孩子都在别人家。

我知道这两位母亲的这段谈话有社交的成分，有彼此的谦逊，但同时也想抓住时机来激励一下自己的孩子。不过，这种激励管用吗?

其实我很想问问这两位家长，如果你的孩子像你们这样去谈谈别人家的妈妈，你是什么感受呢?如果你家先生也像你们这样去谈谈别人家的媳妇，你又是什么感受呢?你会不会从此受到激励，从此奋发图强?

我可以理解那两个孩子在那一刻的感受：第一不被尊重，妈妈居然当着别人的面揭自己的短，一点都不考虑我的面子和感受；第二，妈妈爱别人家的孩子胜于爱我；第三，要我跟他学习，哼，有什么了不起，我才不要呢!

这两位妈妈想要的结果一定不是这样的吧，但很有可能，最后的结果就是这样的。如果两位妈妈想要的结果是两个孩子彼此交流，彼此学习，彼此激励，让他们对自己充满信心，换一种交流方式是不是更好呢？

如果两位妈妈是这样表达的，一个说："我家明明学习成绩真的不错，能有这样的儿子是我的福气，我很骄傲。你家辉辉也非常棒哦，篮球打得好，又体贴人，以后俩孩子有机会可以多在一起交流交流，取长补短，你说好不好！"

一个说："我家辉辉还真是个阳光的孩子，他的篮球打得真好，我好喜欢他打篮球的样子，而且还真的很体贴，男孩子像这样体贴的我还真没见过。养了一个这样的儿子，你不知道我多知足。他的学习成绩也已经进步很多，你家明明学习成绩真好，以后辉辉和明明多交流哦，一起进步，一起成长哈！"

如果两位妈妈能这样交流，相信孩子的回应一定是积极且明亮的。或许这两孩子很快就成为好朋友，就真的如你期望那样开始互动了。

所以，家长朋友们，赶紧觉醒吧！放弃将自家孩子与所谓的"别人家的孩子"做比较。多给他无条件的爱与肯定，让他与别人家的孩子做朋友吧！

肯定自己的孩子，放弃将自己的孩子与"别人家的孩子"做比较。

叠被子有那么重要吗

张女士，12 岁女孩的妈妈，在微信里问："女儿最近老是和我吵架，嫌我啰唆、唠叨。其实我也不想成为唠叨的人，但没有办法哦，我是为她好啊。有些事情虽然是小事，但对养成好习惯特别有好处，所以我就会坚持。比如说我要求她起床后叠好被子，吃饭时要洗手，吃完晚餐准时做功课。原来她小的时候还听话的，可不知为什么，现在越来越不听话了。上周整整一周都没叠被子，我天天提醒，她就是不听。那天，她放学回家后我再次要求她叠被子，她还冲着我发火；当我再三叫她叠被子的时候，她一直没有回应。我忍无可忍，就打了她两巴掌，结果她一个星期都不理我，到现在也没搭理我。你说我该怎么办呀？难道我做错了吗？"

我说："你没有错，你定下的那些规则是为了帮助孩子养成好习惯，错的是你太在意那些规则了，结果只记得规则，而忘了爱了。”

她问：“为什么这么说呢?”

我说：“我们先讨论一下你为什么要她叠被子吧。你是因为爱她才坚持要她叠被子，你希望她养成好的习惯，让更多的人喜欢她，让她未来生活更顺利对不对？如果要你必须在爱她与叠被子之间选择，你会选什么?”

她点点头说：“我当然爱她的啊。在爱与规则之间，我当然选择爱。”

我说：“可是你选择了叠被子哦，在爱与规则之间，你选择了规则哦。叠被子真的那么重要吗？就是一周没叠，甚至一辈子都不叠，又能怎样呢？可你为了坚持这规则，还不惜打骂孩子。当你用责备，甚至打骂的方式来坚持规则的时候，你扪心自问一下，孩子感受到你的爱吗？如果孩子勉强顺从你的心愿，却在心里感受到种种委屈与不满，你想你是不是本末倒置了?”

她说：“嗯，你说的有道理。那是不是因为爱，就必须纵容孩子，放弃我们所有的规则呢?”

我说：“不是要你放弃规则，是你应该把爱放在优先的位置。因为规则的执行是需要坚持和毅力的，要坚持下去需要信念支撑。我们大人在定下规则以后也常常做不到，比如很多人经常做计划，说要跑步、学外语、养生等等，却往往坚持不了。我们不见得会放弃，因为我们知道这件事情对我们的意义和价值，所以，即使我们偶尔懈怠一下，我们还是会坚持。

“她叠被子这件事情，孩子不见得能理解这背后的意义。房间的整洁干净是你在意的，不见得是孩子在意的，所以她不愿意坚持也是可以理解的。不过我认为当孩子能够相信我们的爱，他才更愿意理解规则的意义，他才可以忍受艰难的时光和严峻的考验，即使现在不遵守规则，相信以后他也会的。”

所以，需要改变的是执行规则的弹性，而不是爱。对于父母，爱应该始终如一地指导你的行为。在教育孩子的过程中，没有什么比孩子对你的情感深信不疑更重要。

有一首名为《窗》的诗，很能表达这种理念，在这里与大家分享一下。

我正在精心准备，
即将到来的演讲，
我把稿件放进公文包。
这时一只球穿越了窗户，
玻璃四处飞溅，
像一万把小刀，
散落在客厅各处。
那一刻我感到怒火上扬。
这座房子从来没有一刻，
能够整洁清净，
我还要花一笔钱，
把这窗户修好，
暂时用纸板或木板，
代替破损的玻璃窗。
想到我们要费力地，
清扫这些碎玻璃，
我更是怒不可遏，
因为我知道我的演讲将会迟到。

我听到你那对四岁的小脚，

爬上楼梯，

我看到你那双细小的手臂，

推开房门，

你抬起眼光看着我，

湿润的眼睛小心地寻找，

这一刻改变了历史。

我把你拥进怀里，

“你受伤了吗?”

这只是一扇窗户，

我们可以把它修好。

你没有受伤，

这对我最重要!

这只是玻璃，

而你是我儿子，

我爱你，

来吧，让我们来清扫。

在教育孩子的过程中，没有什么比孩子对你的情感深信不疑更重要。

如何
让隐形爸爸回归

在教育孩子的平台上，在家长会上，在学习成长的课堂上，通常能见到的都是孩子他妈，很少见到孩子他爸。偶尔在家长会上碰到孩子他爸，通常还会稍作解释说："今天孩子他妈没空，所以只好我来了。"感觉好像在孩子的教育问题上，妈妈都是亲妈，而爸爸都是隐形的。

甚至有家长提到说，有时候真的宁愿爸爸隐形，因为有时候爸爸不隐形，更可怕。动不动就发脾气，打骂孩子。好不容易和孩子建立很好的关系，也能与孩子进行更有效的沟通，可是很有可能一不小心就被那个不隐形的老爸给破坏了。

其实，在孩子成长的过程中，爸爸的影响不可或缺，也无法替代。家庭氛围和谐，父亲陪伴多的孩子大多性格好；而从小单亲妈妈带大或父亲常年不在身边的孩子，大多两极分化，或性情暴躁、没有安全感，或怯懦柔弱、没有自信。在孩子成长的过程中，爸爸的隐形与缺位，或是没有和妈妈同步学习和成长，常常给孩子的成长带来障碍。妈妈们想要快速推动孩子的成长和改变，也有必要去把孩子爸爸推动起来，让爸爸一起参与到给孩子提供温暖氛围，推动孩子改变的过程中。

我知道，许多妈妈在这一点上常常感觉到无助与无力，不知如何与孩子他爸沟通，如何改变孩子他爸。其实，以下的沟通技巧，同样可以用到爸爸身上，也是有效的。

首先，尊重感受。不是生气抱怨爸爸的缺席和不负责任，而是理解他们对孩子的爱，理解他们工作的繁忙与辛苦，尊重和嘉许他们对家庭和对孩子的付出，同时对他们这么努力付出却常常得不到孩子的理解感到遗憾，去和他探讨如何改变与孩子的关系，而不是直接命令他该怎么做。

其次，改变自己。让自己先成为一个学习型的妈妈，将自己学的教育方法和爸爸一起分享，带动爸爸的积极参与。爸爸们通常反应速度较慢，妈妈们用改变自己的方式，带来的结果会更迅速。妈妈们透过学习，改变自己对孩子的态度，改变自己与老公沟通的方式，不知不觉中就推动了爸爸们的改变。

再次，学会赞赏。平常注意搜集爸爸在亲子关系上所做的任何小的改变，及时嘉许他的改变。如直接告诉他，孩子因他的改变非常开心，或是让他不经意中听到你对他的赞美。

最后，角色释放。创造一些亲情联结的机会。爸爸上下班时，妈妈不妨和孩子一起拥抱爸爸；爸爸出差，不妨让孩子给爸爸画幅画，打打电话；每月有规定的“家庭时光”，比如最后一个周末全家外出就餐等等。全家人可以一起玩一些游戏，如捉迷藏、扑克牌等，让爸爸突破传统权威的父亲角色，愿意在家庭角色中扮演一个温暖有爱的老爸。

这几点在同事阿玲身上得到了验证。阿玲老公原本也是个坏脾气，10岁的儿子非常怕他，阿玲经常与他吵架，多次冒出离婚念头，可最近一次遇见他们一家三口在影院看电影，非常温馨非常幸福的样子。阿玲也告诉我，以前两人吵架吵到要离婚，但现在一家三口过得真的很幸福，孩子爸爸有很大的改变，孩子的学习成绩有很大提高，也很懂事了。

她说之所以会有这些改变，是因为学会了理解他，学会了先改变自己再改变他，学会了用一些恰当的方式去赞美他，后来发现一切都不知不觉发生了变化，老公变得越来越温暖有爱了，宝贝也越来越开心了。

她告诉我她最得意最有效的一招就是“演戏”。为了让老公和儿子的关系能有所突破，她在父子俩中间演了很多戏。她经常在儿子面前说：“你爸爸虽然对你很严厉，从来不表扬你，可是我今天听到你爸爸和邻居说起你如何优秀，看到你爸爸一脸傲骄的样子，我都脸红。”其实这件事根本就不存在，是编的，但儿子听说爸爸表扬他了不知有多高兴。她也在孩子爸爸面前说：“你儿子说，爸爸最近脾气变好了很多耶，已经好久没发脾气了，昨天还陪我下棋，我好开心哦。”下棋这事有，其他的话孩子没说，是杜撰的，但爸爸感受到儿子的认可也好开心哦。阿玲经常这样在父子俩中间演戏，结果是爸爸对儿子的态度越来越好了，儿子也越来越亲近老爸了。

让隐形爸爸参与到孩子的教育中，也可以是妈妈们的功课。为了我们家庭的和谐，为了孩子的成长，爱孩子的妈妈们，加油哦！

我真的太忙了

昨天下午，开了一个重要会议，直到晚上八点，匆匆赶回办公室，因为八点半安排了微课；微课上到九点十分，关电脑出门，开车飞奔到女子职业学校，赶上旗袍会理事活动的尾巴，作为会长，我必须出席；参加完理事活动，送几个姐妹回家。待我回到家已经十一点三十分，真的太忙了！

在回家的路上，想到了女儿听听，想到女儿今年高三，想到她一旦上了大学之后，能见到她的时间就寥寥无几，想到未来可以陪伴她的日子越来越少，就非常后悔，之前真的应该多放下一些，多陪陪孩子。

和我一样后悔的职场女性应该有很多。还记得前段时间，我的一位朋友来找我咨询。她是某集团公司的老总，女强人，每天的时间都被各种各样的安排占据着，根本没有时间陪孩子。但之前她一直很庆幸，说，幸好自己有钱，送孩子上学，可以找保姆；辅导学习功课，可以找家教；陪孩子玩，出去旅游，可以去找孩子爸爸。所有的一切，她认为自己安排得完美无缺，她为此一直很得意。

直到暑假的某一天，她想要给孩子一个惊喜，放下了一切工作，安排了一次美国游想陪孩子玩玩，结果被15岁的儿子一口拒绝。儿子说："跟你去没什么玩的，要么你给我钱，让我和同学朋友一起玩。"她很感慨地说："我现在真的非常后悔，没有在黄金时间陪伴孩子，现在想陪他，结果他不给机会了。当初真的应该多陪陪孩子。"

她还说，更让她后悔的是，她努力工作的初衷，是为了让孩子有更好的物质基础，过得更幸福，更快乐，但结果事与愿违。儿子网瘾特别严重，特别叛逆，无法沟通，"当我跟他说，我非常爱他，希望能与他好好谈谈的时候，你知道他说什么？'别开玩笑了，你说爱我？别骗我了！你爱你的工作比爱我多吧？你还是我妈妈吗？你为我煮过早餐吗？你去参加过我的家长会吗？你给我买的衣服，都是叫秘书选的吧？看看你为我花的时间，傻瓜都知道你爱不爱我了！'"

这位妈妈做梦也没想到儿子会认为自己不爱她，她很委屈，很痛苦，很难受。世上哪有不爱孩子的妈妈，可是孩子为什么会说出这种话呢？那是因为，付出的不是真爱，让孩子感受到的才是。真的爱他，就要用你的行动，让他感受到。而陪伴，这样一种很简单的行动，我们都难以做到，何以谈爱？

我们在讨论这件事情的时候，这位妈妈说："我知道，我错了，我以后真的会尽量多抽出一些时间去陪孩子。可是我们工作真的很忙，有时候真的没时间，难道真的要不顾一切去陪他吗？难道真的对工作不管不顾吗？"

我说："如果你把陪儿子作为一件工作去安排，那该有时间吧？"她想了想，笑了，说："真的，这样想，还真的能安排。"

我继续说："不是说你抽出时间就行了，陪伴也是个技术活，不是看时间，而是看感受。目标是孩子的感受，要让他感受到你的爱，这需要专注。如果你真的安排时间陪伴，无论时间长短，请一心一意地对待他，不要看你的手机，不要接听工作电话，只是专注地关注他的需求、他的一举一动，试图在那个时间参与融入他的情绪，快乐着他的快乐，痛苦着他的痛苦。只要你坚持一段时间，应该会很有收获的。

我记得女儿初三的时候，她学业忙，我工作忙。我们安排了每周一次的相互陪伴时间，就是周三放学的时候，把女儿的书包和我的包包放在他爸爸车上，我换上平底鞋，和女儿手牵手花40分钟走回家。一路上聊很多，我问她在学校的感受和困惑，也谈我的工作和周围的人，像朋友一般开心地聊着，我们都很享受那个时刻，母女情感也在不知不觉中增进。

那位妈妈接受了我的建议，过了一段时间，她打了一个电话，很兴奋地告诉我："陪伴儿子的工作有了很大的进展，儿子今天居然主动要求妈妈暑假带他出国旅游啦。"

其实很多时候，孩子要求的也不多，只是一点点关爱的眼神，还有一些些专心陪伴的时间。

所以，再忙，也别忽略孩子，陪伴是最长情的告白，让我们用多一些时间，多一些用心，去向我们的孩子表达爱吧。

孩子要求的，有时候只是一些专心陪伴的时间。

这次你先挂电话

女儿远在杭州读书，于是电话成了我和她之间唯一的沟通工具。每次打完电话之后，我都会说：“宝贝，你先挂吧！”前几天，她突然问我说：“妈妈，为什么每次打完电话你都让我先挂呢？”我就问她：“这样你的感受好不好？”她说挺好的。我接着问她：“那感受是什么？”她说：“好像觉得你挺舍不得的样子。”我说：“是的，妈妈其实真的挺舍不得挂断跟你的电话的，每次让你先挂，就像我每次把你送出门的时候，还用目光追随着你，看着你走远的背影。”女儿说：“哦，原来是这样啊！”然后，今天早上当我跟女儿通完电话之后，正想说：“宝贝，你先挂。”听听突然说一句：“妈妈，这次你先挂！”我说：“为什么呀？”她说：“我也舍不得你呀！”我的心里顿时被暖意充满。

前些天，在朋友圈里晒了很多我和女儿的亲密照片，有朋友打电话或者在微信里跟我说，你怎么可以和女儿这么亲密啊？我想说的是：孩子是看着父母的背影长大的，你想要的亲密，就在你和她的互动里，就在你的举手投足间。

孩子是看着父母的背影长大的，父母的一言一行、一举一动对子女都是无声的教化。

她凶巴巴地对我说：妈妈，我要走啦！

有人问我说，你是不是和女儿一开始就这么亲密？

其实，不是的。因为我在外面读书7年，回到家的时候，孩子已经10岁了。10岁的孩子和缺位7年的妈妈，是有非常强的疏离感的。

那个时候，我想和女儿稍微亲密点儿，搂搂她、抱抱她、亲亲她，她都非常抗拒。那时候我非常痛苦，因为这不是我期待的母女关系。

在我想象当中，母女之间应该是有非常美好的、亲密的感觉的。

我决定改变这一切，于是我做了一个决定：每天早上，我会拦在家门口，堵住她，要求她亲我一下，我才让她出门。

所以，每天早上，我家都在上演一出闹剧，我要求她亲我，她就逃，我就追。就这样，直到她勉强亲我一下，这场闹剧才算结束。

我老公特别不理解，说：有必要这样子吗？强迫孩子有意思吗？

我坚持，我再坚持，我继续坚持，我很辛苦地坚持。就这样，持续了3个月。

3个月以后，有一天，我生病了，卧病在床，请假待在家里，所以早上没有起来。

这一天，有趣的是，女儿在出门之前，突然走到我的床前，凶巴巴地对我说："妈妈，我要走了！"

那一刻，我笑了，我知道，没有我拽着她亲我一下，她出门不习惯了！

于是我故意用很微弱的声音对她说："妈妈起不来了，你亲我一下吧！"

她很顺从地过来，俯身亲了我一下，那一刻我心里无比欢畅。

因为我知道，女儿终于接受和需要爱的表达啦！

我想，只要我们有坚定的信念，只要我们毫无畏惧地引导，没有一个孩子会拒绝爱的。

没有一个孩子会拒绝爱的。

跟你混，迟早是要还的

在12+父母成长课程中，有一个月的任务是布置家长每天写一张赞美孩子的“即时贴”，并拍照到群里分享。昨天，在群里看到那位一直很认真的夏女士，上传了一张即时贴，上面这样写着——聪聪：昨天妈妈加班很晚，你给妈妈语音留言说：“妈妈你工作量是不是很大？努力，加油哦！”宝贝你越来越会理解人鼓励人了，妈妈听了你的鼓励更要好好工作，努力做最好的自己。宝贝让我们一起加油吧！爱你。

这位可爱的宝贝嘉许妈妈的话令人感动。这不是一句简单的鼓励性的话语，这是一个孩子对母亲的努力工作和教养方式的最大认同，它折射出孩子对妈妈的体贴关怀，更反映出妈妈平常与孩子的温暖互动。我不知道这孩子之前是否会这样向妈妈表达，但孩子这样与妈妈的互动正是我们期待的。作为12+项目的专家，我们在设计这些项目的时候，内心深处有一个信念，那就是只要家长坚持重复去做一些我们要求的简单的事情，就一定会令到一些美好的结果发生。

之所以会这么思考，是专业使然，更是生活经验使然。就像我曾经在早安分享中分享过的一些我和女儿的故事。

《妈妈，今天你先挂电话》，分享的是我和女儿打电话，每天打完电话，我都是让她先挂断电话，我说那就像我目送她离开一样，代表我对她的不舍，最后她也会体贴地说："妈妈，今天你先挂！"用我对待她的方式来回馈我。

《她凶巴巴地对我说：妈妈我要走啦》，分享的是在女儿和我关系很疏离的日子里，我每天坚持要和女儿亲密互动，必须要她亲我一下才出门，最后终于带来了她的主动亲密的故事。

《这次车祸，真是太棒了》，分享的是在我发生车祸事件后，女儿用积极正面的角度，来解读车祸，平复我的心情，化解我的焦虑。当我夸她的时候，她说："这是你教我的，你平常总是教我遇到挫折和压力的时候，要换个角度看问题，怎么到自己身上就变傻了呢?"她用我教她的方式来教我。

这些都是曾经发生在我和女儿之间的真实故事。当女儿一次又一次地用我对待她的方式来回应我的时候，我在开心感动的同时，深深地感受到为人父母的责任重大。父母是原件，孩子是复印件，你用什么方式对待孩子，孩子可能就学会了用什么方式来对待你。

母亲节，女儿很用心地送一件礼物给我，当我夸她越来越温暖体贴的时候，她调侃地回应了我一句话："这都是跟你学的呀，有什么办法呢，跟你混，迟早要还的。"

"跟你混，迟早要还的"，虽是一句调侃，仔细想想，用来形容亲子关系，却也意义深刻。孩子从小不得不跟着父母"混"，其一言一行，一举一动，都受着父母的深刻影响。

今年暑假，我们一直坚持开的青少年成长训练营，招生状况不太好，我们很沮丧，但仍然坚持要把训练营开下去。没想到在开课前，突然发生了奇迹，有一个大家庭，送来15个孩子参加我的课程，令大家欢呼雀跃，使得训练营如期举行并取得很好的效果。女儿在旁看着这些故事的发生，对我说："妈妈，我总是看到你傻傻地坚持做一些事情，最后都有奇迹发生，所以我相信坚持的力量。当我每次对自己失去信心的时候，总能想到你那些傻傻的坚持。"所以，如果父母用积极正面的态度对待工作与学习，孩子可能也会效仿你。

如果父母用不合适的方式对待孩子，孩子可能也学会了用同样的方式回馈你。有个故事说，有位年轻貌美的妈妈将女儿送到贵族学校寄养，对女儿说："为了将来送你去更好的学校，给你更好的生活，妈妈要去赚更多的钱，没有时间陪你，你不要恨妈妈。"女儿点头："我不恨妈妈，我长大以后，也会赚很多钱，送你去最好的养老院。"你没时间陪孩子长大，孩子便没时间陪你终老。这也应验了女儿那句话——孩子跟你混，真的迟早要还的。

中央电视台播出的两则公益宣传广告也说明了这句话的重要性。一则宣传广告讲述的是父母在打麻将，孩子后来学会了打麻将。一则宣传广告是一位母亲为她的妈妈洗脚，孩子看到后，也为其母亲打洗脚水洗脚。所以，父母做得好，孩子也回报得漂亮，反之亦然。

家庭教育是一个人接受最早、时间最长、影响最深的教育。孩子在父母的关怀抚爱中逐渐认识世界，在父母的行为中潜移默化，接受人格和行为的陶冶，父母的一言一行、一举一动对子女都是无声的教化。要让孩子成为最好的自己，不是帮助孩子找到最好的老师，而是父母做好自己，成为孩子最好的老师。

顺从的孩子
更让人心疼

咨询室来了一个厌学的孩子，已经一个月没去上学了，她真的生病了，有被迫害妄想症。她其实很惧怕和陌生人谈话，但在咨询室里非常配合顺从，我问什么，她答什么，像机器人一样很机械地回答问题，从不主动地多说，哪怕是一句。

她妈妈说，这个孩子从小就很懂事，3岁的时候，有一次，不小心被妈妈手里拿的滚烫的开水烫伤，这孩子开口说的第一句话居然是“妈妈，我不疼”。

她妈妈非常感慨地说：“我真的不明白，一个曾经那么乖巧那么体贴懂事的孩子，今天怎么变成这样?”

这个孩子真是顺从得让人心疼。她今天的状态有多方面的原因，但这种被父母教养的顺从一定是一个重要的原因。

我们很多父母都喜欢听话顺从的孩子，因为在他们眼里孩子的顺从是对自己威严的基本尊重，可我们无法体会一个顺从听话的孩子心有多累，也不知道顺从对孩子的未来会产生怎样的影响。

其实，顺从的孩子缺乏安全感。因为他们内心深处以为，听话顺从才可以获得爱，否则无法达到。所以他们不敢说不，不敢表达自己的情绪。

曾经有位家长很得意地和我分享他的卓有成效的育儿经验，他说 13 岁的儿子乖巧懂事听话，主要归功于他的教育方式。

他很得意的一件事是，孩子很小的时候，做错了一件事情，他把孩子揍了一顿，孩子哭了，于是这位焦躁的父亲大声呵斥："不许哭！哭就不是男子汉！"孩子还是继续哭，于是他一把抓起孩子，把孩子推到差不多有两米远的沙发上，这孩子当时就吓坏了！但这孩子很棒，从此以后，没见他哭过，从小就变得很坚强。

我想说，这孩子不是学会了坚强，而是学会了压抑自己的情绪，因为他体验到了不顺从的可怕性，他是因为缺乏安全感学会了顺从。

顺从的孩子也缺乏成就感，顺从会令孩子很无助很无能，对自己不自信。如果事情成功了，那是听别人的话，在别人的要求下做的，不是自己的功劳。如果失败了，他们也很容易成为迁怒的对象，也很容易自责。他们在现实生活中找不到快乐和控制的感觉，就到虚拟世界中寻找。就像那个厌学的孩子，最喜欢的两件事情是读推理小说和玩游戏，她说之所以很容易沉溺于网络游戏中，是因为从那里能找到控制的感觉，找到赢的感觉，找到快乐！

顺从的孩子缺乏幸福感。顺从和听话就意味着要和父母或是其他人达成情感的一致，所以导致他们习惯性取悦别人，忽略自己。

这个过程会降低孩子的自我价值认同，让孩子习惯性失去自我，久而久之，他也就不知道自己的存在是为什么，也就不敢直视自己的需求和意愿。

所以请心疼心疼这些顺从的孩子吧，归根结底，顺从的行为源于孩子对爱的渴盼，渴盼父母无条件的爱。

如果您的孩子很顺从，希望您给他提供这样的信息：即使他不顺从，爸爸妈妈还会一如既往地爱他，就算他选择讨你欢心，也不应该是因为害怕失去你的爱，而是他自己想要这么做。

要让顺从的孩子获得安全感、成就感和幸福感，就必须让他认识到自己的价值和能力，让他可以做自己，而不是你想要他成为的那个人。

顺从的孩子缺乏安全感、成就感和幸福感。

爱你的伴侣，是给孩子最好的礼物

在地铁上看到一对年轻的夫妇，妈妈牵着一个两岁大的女孩，爸爸想要拉女孩到他身边，妈妈一把把爸爸的手拨开，气呼呼地说：“别用你的脏手碰我的宝宝。”两人似乎刚刚吵架了。

这位受了打击的父亲一把拽过孩子，生气地说：“又不是你一个人的孩子，孩子我也有份的！”

妈妈又一把把孩子拽了回去，对孩子说：“别理你讨厌的爸爸，到妈妈这边来。”他们争执着，把孩子拽来拽去，孩子突然哭了。

他们立刻停下争执，一起蹲了下来，惶恐地哄着孩子，刚才互相敌视的双眼，顿时充满了柔情。

可当孩子一停止哭泣，俩人又彼此给对方一个冷漠的表情。

这一幕令我印象深刻。

我在想，这对夫妻毫无疑问是爱孩子的，可是他们用最慈爱的目光注视着孩子，却用最冰冷的目光注视着对方，他们一定不知道，这会给孩子带来什么。

以我的经验，长期处在这样氛围下的孩子，通常容易出现这几种问题：

首先，很容易让孩子变得很自我。因为夫妻原本就有相互依赖的特性，在夫妻关系中找不到依赖感的人，很容易将依赖和关注点转移到孩子身上，对孩子容易变得特别依赖，特别溺爱。这个孩子自然就很容易变得自我。

其次，孩子缺乏安全感。父母亲的恩爱会让孩子觉得踏实安全幸福，从而自己也变得开朗活泼，很有力量；而相反整天硝烟弥漫、剑拔弩张的家庭，会让孩子焦虑、压抑、没有安全感，长大后容易性格孤僻。

再次，成年后的孩子婚姻关系也容易出现问题，因为种在他们潜意识当中的亲密关系都是吵架模式，这种方式也会不经意地在他们的亲密关系中复制。

当孩子出现问题时，很多家长会不惜重金去寻求心理医生、教育专家的帮助，却很少想过要花钱找心理医生来解决一下自己婚姻中的问题。其实很多时候，父母婚姻中的问题常常是孩子问题的根源。

有个妈妈回家想抱抱他3岁的儿子，可是儿子死活不和妈妈亲热，妈妈挺难受。我对她说如果下次儿子还这样，你就别理他去和他爸爸亲热。

到了周末，他们一家三口去商场买东西，妈妈去拉儿子的手，儿子还是不愿意甩开了妈妈，这时妈妈去拉爸爸的手，爸爸配合地伸出手和妈妈握着，边走边聊。

儿子楞了一下，而后讪讪地跟在后面。走了一会儿，妈妈伸手去拉儿子，儿子顺从地拉上了妈妈。

其实这世上没有生来就以自我为中心的孩子，只有以孩子为中心的父母。当夫妻关系和谐，孩子不会觉得自己那么重要，以自我为中心的坏毛病也就自然而然没有了。

亚伯拉罕·林肯有句名言："男人给予孩子最大的礼物，就是爱他们的母亲。"不仅男人如此，女人也一样。我们所有的父母都希望自己的孩子幸福，那就为了孩子今天、明天的幸福，好好地爱你的伴侣吧！

世上没有生来就以自我为中心的孩子，只有以孩子为中心的父母。

妈妈，求求你离婚吧

一位有轻度抑郁症孩子的妈妈告诉我，她丈夫有暴力倾向，在家对她经常打骂，这些年，她都忍下来了，可是她家的孩子不能忍受，三番五次要她离婚。前天丈夫又和她产生肢体冲突，女儿再次对着她老公和她吼道："我求求你们，你们赶紧离婚吧！"这位妈妈问我："老师，你觉得我该离婚吗？"

我问这位妈妈："那你想离婚吗？"

她说："离婚早就想离了，丈夫也曾提出过离婚，但我坚决不同意。我们之间经历无数次的吵架打架，早就没有爱了，甚至像仇人一样，但为了孩子，我是不会离婚的。我知道一个完整家庭对孩子成长的重要性。孩子已经有些抑郁了，我不愿意离婚给孩子带来更大的伤害。可是这孩子最近天天要求我和她爸离婚，还威胁我们说不离婚她就离家出走，你说我该怎么办？"

为了孩子忍受无爱的婚姻，这是我们很多做妈妈自认为的高尚。然而这真的对孩子有帮助吗？家庭对于孩子而言，是完整更重要还是爱更重要呢？

这位妈妈说：“我认为对我而言，是爱更重要，我真的很难忍受这种无爱的婚姻；但对孩子而言，应是完整更重要。无论我们怎样争吵，有一点是一致的，我们都很爱孩子。所以无论我们离不离婚，对孩子而言，应该不会缺爱，但如果我们离婚了，他会缺一个完整的家庭。”

我说：“这可能是你一厢情愿的想法，孩子未必这样想。孩子求你们离婚，至少说明一点，她在这种环境中生存，是不幸福的。我认为你继续忍受这段无爱的婚姻，不但对孩子的成长没有帮助，而且还会产生伤害。

“首先，父母关系不和谐，特别是有家庭暴力存在的情况下，孩子常常会同情父母弱势的一方，会站在弱势的角度，对强势的一方产生愤怒甚至痛恨。即使强势的一方爱他，他可能也感受不到，所以他不见得不缺爱。

“其次，孩子长时间处在父母的矛盾冲突中，会有强烈的不安全感，他会想逃离，就像你女儿想离家出走一样。很多家长为了孩子在婚姻中的隐忍，最后控制不住，都会爆发在孩子身上，这比离婚带给孩子的伤害要大得多。很多孩子在父母离婚后呈现的学习成绩下降、网瘾、早恋等现象，其实不是离婚后才产生的，而是在婚姻存续期间，父母亲冷战期间，冷漠的家庭环境使然。

“再次，无爱的婚姻，对孩子未来的亲密关系影响也非常大。很多时候，孩子的婚姻，其实是父母的婚姻关系的复制。如果父母一直处在无爱的婚姻模式中，孩子看不到父母的亲密相处，看不到父母的互相关爱，她会在未来的亲密关系中无所适从。为什么离异家庭中的孩子，未来离异的概率也非常高，就是因为他们从父母身上学到的是怎么让婚姻走向解体，而不是如何维护婚姻，保鲜爱情。又或者，孩子一直看到父母处在婚姻的痛苦中，对婚姻失去信心，产生排斥，根本就不想结婚。

“所以，基于以上三点，我认为你离婚对孩子而言，未必是坏事。”

她说：“可是单亲家庭的孩子常常要承受异样的眼光，会很自卑，这对孩子难道没有伤害吗？”

我说：“单亲家庭中的孩子之所以自卑，常常不是因为家庭不完整，仍然是因为缺爱。当孩子必须选定一方跟随，与另一方就会隔离，便常常会强烈地感受到被另一方疏忽甚至抛弃。离异夫妻如果能处理好离异之后双方的关系，真的让孩子感受到父母虽然不在一起了，但对他的爱一点都没减少，对孩子就不会构成伤害。就像我的一个朋友，和前夫离婚后，双方又各自组建了家庭，但她和前夫离异后关系处理得非常好。他们离婚的时候说好了，虽然他们没有爱情了，但还有一个共同的孩子，还有亲情在，还是一家人。所以离异后，他们的孩子很自由畅快地在两个重组家庭中穿梭，很乐见自己的亲生父母都过得快乐幸福。他们的孩子现在也结婚了，过得很幸福。孩子结婚时对媳妇说：‘我从我爸爸妈妈身上学到了，一个真正幸福的家庭是要有爱的，如果我们的婚姻中没有爱了，我们就彼此祝福吧，没有爱情，还要做亲人，一定不做仇人。’”

所以，不必为孩子忍受无爱的婚姻了，对孩子而言，家庭中的爱比家庭的完整更重要。

对孩子而言，家庭中的爱比家庭的完整更重要。

我们家太冷了

一个 12 岁的女孩，网瘾特别严重，在刚刚结束的期末考试中，全班成绩倒数第一。她向爸爸妈妈宣布说，她不想读书，下学期不去上学了。

女孩爸妈着急地来求救。一家三口坐在沙发上，还没等我开口问，那对焦虑的父母就开始叨叨这孩子的问题。两位家长，当着孩子的面，数落孩子的种种不是，有些事甚至有些难堪，但他们因为急于解决问题，也毫无顾忌地说了出来，完全不考虑孩子的感受，我猜想孩子心里一定特别不舒服。

我看着那女孩坐在那里，一声不吭，一脸漠然。似乎爸妈说的种种，与她一点关系都没有。

我要求父母离开，让我和孩子单独聊。等他们离开，我问女孩："爸爸妈妈刚刚说你的时候，你是不是感觉特别不舒服？"

我设想孩子可能会有种种的抱怨和反击，可是没想到那女孩说："老师，说实话，看到他们这样，我挺开心的。因为爸爸妈妈只有这个时候，看起来还正常。我爸妈就不是正常人，他们只有在外人面前，在联合起来面对我的时候，才算正常。"

这女孩的表达能力及成熟度，完全不像一个12岁的孩子。

她接着告诉我说，爸妈在家里早已经分房睡了，而且平常在家，彼此很冷漠，不到迫不得已，几乎互不理睬。只有在面对她的问题的时候，才可以看到他们的互动。只有在对待女儿的问题上，他们是高度一致的。

那女孩说："如果不是因为我，他们早就离婚了。可是我真的不想要他们离婚。但他们这样在一起，我也很痛苦。我们家像坟墓一样，常常听不到任何声音，他们不说话，有什么重大的事情，我还要当他们的传话筒。

"更辛苦的是，他们都说是为了我。就在成绩单出来的前一天晚上，我爸到我房间，说我妈的种种不是，说不是为了我，他早就过不下去，早就离婚了。我不得不安慰他一番。

"爸爸离开了一会儿，妈妈也来到我的房间，数落爸爸的种种不是，也说不是为了我，她早就离婚了。我也不得不安慰了她一番。我真的很辛苦的。"

听着女孩似乎轻描淡写地说着这些话，我的心里很是怜惜。她这么小，就要扮演家庭关系的调停者、拯救者。她懂得去安慰父亲、母亲感情上的困顿，可是她才12岁，谁来安慰她呢？

当我问她："你成绩倒数第一名，你说下学期不想上学了。对于这件事，你是怎么考虑的呢？"

那女孩说："老师，告诉你一个秘密，我其实不会考倒数第一名的，那是我故意的。我说下学期不上学了，只是吓吓他们的，也就是想让他们紧张，因为只有这样，爸妈才可能因为担心、生气在一起说话，讨论我的问题，他们才有可能关系越来越好。我们家太冷了，我很想让家里有他们说话的声音，哪怕是吵架也好。”

虽然我知道，孩子所有的问题都来自于家庭，但这是我第一次听到一个12岁的女孩如此清晰地表达，她学习不好，她网瘾，她想辍学，其实都是为了拯救这个家庭。

有人说，孩子来到这个世界上有一个目的，就是拯救他的父母。孩子是因为父母的爱来到这个世界的，若爸爸妈妈过得不好，孩子会宁可牺牲自己的学业、事业、前途甚至健康也要设法让他们变好。这些话真的在很多孩子身上验证了。

所以，我对她的爸爸妈妈说，对于孩子而言，最好的教育就是给他一个健康的家庭。如果不能健康地在一起，就请健康地离婚吧，不要再用冷漠来折磨孩子了。

孩子是因为父母的爱来到这个世界的，若爸爸妈妈过得不好，孩子也不会幸福。

不做父子，做兄弟

《杭州日报》曾整版登出一篇文章，题为《关少尘，我要和你脱离父子关系》。这篇文章是一封60岁父亲写给90后儿子的信，信中父亲回顾儿子小时候把他当英雄般的崇拜。但上高中、考进大学以后，父子俩的沟通越来越少。儿子的微信朋友圈屏蔽了老爸；常不接老爸电话；在本地上学，回家却越来越少。这位父亲研究了许多像儿子一样的90后人群，于是做了一个决定，要和儿子脱离父子关系成为兄弟，父亲对儿子说："前20年你是我儿子，后60年你是我兄弟！"

很欣赏这句话，不做父子做兄弟。

这封信的字里行间，父亲说的是要和儿子脱离关系，但字字句句表达的都是爱，都是一个父亲想要跨越代沟，想要融入90后儿子的真情。父亲甚至决定，不和90后儿子讲道理，要和90后儿子一起胡闹。一位60岁的父亲，登报发表如此申明，这种“冒天下之大不韪”的勇气，这种超越年龄与时代的认真令人感佩。他选择了这样一种方式，认真地对儿子表达他的爱，感动了很多90后的“宝宝”。有很多网友评价说：“终于有爸爸向自己的儿子伸出橄榄枝了，告诉我爸去！”或是：“惊吓宝宝啦，我也想要有这样的爹。”其实，90后的孩子，何尝不希望父母多理解他们一点，理解他们说的话，懂他们所做的事，能和他们做兄弟，和他们一起玩，一起疯。

如果父母真的能和孩子一直做兄弟，那代沟从何而来呢？其实代沟不仅仅是孩子和父母之间相处模式的一种客观现象，更是一种父母对孩子的态度。当你用年龄和身份横亘在你和孩子之间的时候，代沟就来了。

为什么孩子很小的时候，你和孩子没有代沟？因为那个时候，你愿意放下你的年龄，和孩子一起玩一起疯一起闹；你愿意放下你的身份，站在他的角度去看问题。当他说起奥特曼，说起黑猫警长，说起喜羊羊和灰太狼的时候，你愿意和他一起去看，一起去谈论。那个时候，你是用兄弟和朋友的态度与他相处的。如果我们能把这种态度保持下去，可能代沟就不出现了。

代沟出现了，怎么改变呢？其实很简单，就是和孩子做兄弟。听到许多父母抱怨说，“孩子越大，心离自己越远”。“不知为什么，和别人那么能聊，见到我们就无话可说”。当我问孩子们这个问题的时候，有个孩子对我说：“我其实也很想和他说话呀，可是能说什么呢？他除了对我说好好学习，其他无话可说。我说游戏，他不会；我说动漫，他不喜欢；我说宫崎骏，他说那是谁。你说我和他聊什么？一多说，他就说我就会玩，不好好学习。有时候想和他说，可是根本说不明白。我多么希望他能和我一起玩玩游戏，他能看看我看的书，他就知道那有多好玩多好看了！”这孩子表达的可不就是要你和他一起玩，一起疯，要你像兄弟般地理解他吗？

所以，不做父母做兄弟，不是宣言，是一种爱的表达；是放下年龄与身份，愿意站在孩子的角度看问题，愿意理解包容接受他的态度。

愿更多父亲对孩子说，“从此我们如兄弟般携手同行，一起乘风破浪，一起干大事。以后我叫你少尘，你叫我老关。有你有我，便有江湖”。

当你用年龄和身份横亘在你和孩子之间的时候，代沟就来了。

麦家：静静守望厌学的孩子

在央视节目《朗读者》第三期中，知名编剧麦家朗诵了一封从未公开过的写给儿子麦恩的家书——《致儿子信》，感动了无数观众。节目播出后，有不少人关心麦家是怎么帮助厌学的孩子走出困境的。麦家说：“我有个非常简单的办法，你阻止不了他，你就当好旁观者。你看着他在干什么，守望着他，做一个麦田守望者。”

“做一个麦田的守望者”，这话说得多好，对于很多厌学休学的孩子的家长，这是一剂再好不过的药了。——是的，孩子有病，该你吃药了。

为什么该你吃药？因为这病应该与你有关。通常，休学厌学的孩子都有一段辉煌的历史。他是优秀的，他是自恋的，他曾经是有思想有自主能力的那个让你骄傲的孩子。可是你为了让他更优秀，你不断地指责他，不断地对他提出更高要求，不断地把自己自以为是的选择强加在他身上。他那骄傲的内核被击打得粉碎。他越来越无助，终于受不了了！他不敢面对这个世界，于是选择找个地方，想要静静地疗伤，想要再活过来一次。所以，这时候的你，最好不要打扰他，静静地守望在旁边，让他疗伤。

我知道你很难做到，因为孩子这“病”会让你崩溃。你受不了他把门关起来；你受不了在本该上学的时间，他在疯狂玩游戏。你会试图用种种方法，挽救他。你会找各种机会和他讲大道理，你会用强硬的方式逼他去上学，或者用自虐的方式请求他去上学。你甚至会搬动各种亲戚朋友，或是各种专家导师去说服他。你会发现这些方法都不管用。你会吃闭门羹，孩子会对你所有的措施无动于衷，最后你焦虑无奈无助甚至愤怒，你觉得自己要崩溃要发狂了。

那么请告诉自己，你该吃药了！放下你旧有的对待孩子的模式，就是这些模式伤害孩子至此，不要再试图用侵略性、吞噬性的方式去救他。你需要吃药了，你需要安静下来，只是守望在他身旁，让他疗伤，也给自己疗伤。

要知道这时候的孩子，之所以会这样，不是耍小性子发小脾气，他是真的生病了，并且已经病入膏肓，只是你看不到罢了。这时候的他，不要说学习工作，能活着就已经不错了。玩游戏，闭门睡觉只是他麻痹自己的方式，他身体活着，但心理已经在垂死边缘。我们看到因患生理疾病垂死挣扎的人，却看不到有人因心理疾病而离开这个世界之前的煎熬与痛苦。对于他而言，也许厌学休学退学，是他最后一层自我保护的屏障。那个他关起门的房间，就是他的ICU病房，他想在那里沉睡一段时间，独自舔伤口疗伤。这时候的你，请理解他，只需守望他，无需打扰他，让他疗伤。

给他一个空间，让他退行到孩童时代。你只需好好照顾他，无条件地接纳他，就像他小时候一样。耐心等待他的心理疗愈，等待他的苏醒。这也许需要很长的时间，麦家用了三年，也许你要花更长的时间。

也许这会让你很痛苦，但任何苦痛和哀伤都是有价值的。或许做一个麦田守望者，对你而言，就是最好的修行和反省，让你去重新认识自己，认识自己和孩子的关系，从而疗愈修复更多的创伤。

做好麦田的守望者，上帝会祝福那个孩子的。

面对厌学的孩子，或许最好的办法，就是做一个静静的麦田守望者。

向女儿
学习深情地活着

女儿在杭州画室学习7个月，刚结束艺考，我们去接她回来继续文化学习，备考6月的高考。

离开杭州的前一天，她和画室的小伙伴聚餐，之后发了一个微信，写了8个字：杯盘狼藉，后会无期。我知道那一刻，她在同学面前一定是风平浪静，但内心却是波涛汹涌。

除了舍不得那些朝夕相处的小伙伴们，她更舍不得的是教她画画的李老师。我们离开的那一天早上，她把画室的钥匙送去留在画室的桌上，同时留下的还有一封写给老师的信。

她说虽然前一天和老师说 bye - bye 了，但还是想要用这种方式再和老师郑重告别一次。她想象的画面是，就像那些古老的电影一样，当她离开后，老师在阳光照耀的画室里，读着她的信，回想着与她和画室其他小伙伴们相处的点点滴滴，该也是一件很美好的事情。

那封信我看过，写了满满两页纸，字体隽秀，情深意长。字里行间，真实自然地流露着孩子们对这位温暖谦和帅气的老师的喜爱和感谢。她说："我一生都不会忘记在这里学画的时光，这段岁月永远是我心中的一盏明灯，温暖照亮我今后所有的道路。无论何时，无论何地，心中只要映及那栋平平常常的别墅，生活立刻变得有声有色，充满希望。"

我不知道李老师读了那封信后会有什么感受。我设想我是李老师，读了这样一封信，一定是感动且骄傲的。感动的是学生们对自己的留恋与深情，骄傲的是看到自己对学生的付出与用心，对学生心灵的关注，学生都收到了。

已经习惯了手机电脑电子邮件沟通的方式，看到女儿精心选择的漂亮的信纸信封，看到那不是标准字体表达的深情与关怀，虽不是给我的，我的心中也有别样的温暖。信不是写给我的，但女儿的深情同样属于我。

女儿在家的日子，经常给在书桌前备课的我，泡上一杯牛奶，送上一盘削好皮、插好牙签的水果。就是寻常的日子，为了给我和她爸爸做一个有特色的早餐，她会在前一天晚上查资料，并用手账本做精心策划，第二天一早就起来忙乎。当她骄傲地向我们呈现她的早餐作品时，我和她爸爸从她眼中都读到了这种深情。

当我和闺蜜分享女儿带给我的感动的时候，闺蜜敲着我的脑袋说："你搞搞清楚耶，你女儿现在高三，你还让她搞七搞八，做一些与学习毫无关系的事情，什么聚餐啊，写信啊，做饭啊，这有意思吗？你还想不想让她考大学啦？"

我想这就是我要向女儿学习的地方。无论学习和画画多么忙，她从不放弃自己的活法。正是因为她从不放弃追求当下的美好，她的学习才会更有动力，她的画才会有灵魂。这或许就是她的画和她的学习都还不错的原因吧。无论如何，都不忘在这个世界深情地活着，我相信这样的女儿，无论怎样，都会有好的前程。

每天处在忙忙碌碌的工作中，我们已经学会了各种快速便捷生活的方式。写信，用电子邮件就好了，或者在微信语音一下也可以；吃饭，随便吃点水饺面条吧，或者快餐也行；理想生活，等忙完这段再说吧，现在的重心是考试，是工作，是项目，其他一切免谈……这是我们很多人的生活状态。我们常抱怨压力大，生活艰辛，人际关系冷漠，因而焦虑重重，碰到挫折，立刻感觉世态炎凉。其实并非世界凉薄，而是我们未曾用心深情地生活。

试想若我们像孩子一样，无论多么忙碌，都不失去自己，仍然做自己想做的事情，坚持自己想要的生活，交自己想要交的朋友，表达自己想要表达的真情，或许那些压力焦虑都在你的愉悦生活中迅速瓦解。

所以，我决定向女儿学习，在忙碌的日子里，依然要深情地活着。

和孩子一起，在忙碌的日子里，依然要深情地活着。

后记

也是无心插柳，成就了这本书。

2016年11月，我和资深媒体人、中国青年报社的主任记者李菁莹老师共同发起了12+父母成长计划，帮助父母们每个月养成一个亲子好习惯，每年养成12个亲子好习惯。

为参与计划的家长们写一些关于亲子教育的案例分析，就成了我每天一早起床后必修的功课。

每天一篇，至今已经坚持了三个多月了。于是，也就有了这本书的诞生。

"这个12+父母成长计划蛮神奇的"，援用一位家长的原话，确实能表达我现在的心情。没有这个计划，也就没有我每天的坚持，没有这本书了！

当初，我们设计这个"父母成长计划"，融入了教育学、心理学和互联网思维，围绕"亲密、沟通、梦想、感恩、责任"等关键词，针对三个年龄段（幼儿期、儿童期、青春期）的孩子设计了12个亲子好习惯的养成方案。

参与其中的家长们的反馈给予了我们巨大的信心。也成为我每天坚持写作的动力来源。

一位家长在群里留言,说:“12 + 是我的家长,用爱影响和指引我。12 + 是原件,我是复印件。”

这位家长一直参与我们亲子习惯养成计划,并始终如一地坚持执行。印象深刻的是,每次线下课程,她都会长途驱车赶来,还会把儿子带上一起参加。她的儿子阳光、自信、有礼貌,每次都积极主动参与课程游戏互动。这位家长说,她把 12 + 传授的亲子好习惯运用到现实生活中,收到了非常好的效果。爱的五种语言、和儿子每天的温暖沟通、每天一张嘉许的便利贴……让自己与儿子之间、与丈夫之间的关系都变得亲密无间。

在参与计划五个月后,她再次表达了她的感受:在 12 + 的大家庭中,大家总是毫不吝啬地给我肯定和鼓励,让我感受到归属感和价值感(这两种感觉是每个人用一生在追求的东西),这就是我越来越爱 12 + 的根源,越来越离不开 12 + 的原因。孩子也需要归属感和价值感。让我们用积极正面的方式去爱孩子、爱自己,给家人和自己多一点赞扬、多一点鼓励、多一点耐心、多一点等待。我想我们的世界会变得更加美好!

如今,这位家长已经成为我们 12 + 的志愿者和社群督导师,开始用自己的体悟来影响和引导其他的家长,而且效果明显。

我们希望更多的家长加入到 12 + 父母成长计划,组队抵抗惰性,一年养成 12 个亲子好习惯,遇见更好的自己,成为更优秀的父母!

图书在版编目(CIP)数据

每天5分钟,遇见更好的父母 / 戴烽著. -- 南昌 :
江西科学技术出版社, 2017.5 (2019.6重印)
ISBN 978-7-5390-6020-0

Ⅰ.①每… Ⅱ.①戴… Ⅲ.①家庭教育 Ⅳ.①G78

中国版本图书馆CIP数据核字(2017)第094518号

国际互联网(Internet)地址:http://www.jxkjcbs.com
选题序号:ZK2017019
图书代码:D17015-105

每天5分钟,遇见更好的父母

著/戴烽

责任编辑/邓玉琼
出版发行/江西科学技术出版社
社址/南昌市蓼洲街2号附1号
邮编/330009 电话/(0791)86623491 86639342(传真)
经销/各地新华书店
印刷/南昌市红星印刷有限公司
版次/2017年6月第1版
2019年6月第5次印刷
开本/787mm×1092mm 1/16 15.5印张
字数/180千字
书号/ISBN 978-7-5390-6020-0
定价/28.00元
赣版权登字-03-2017-176